दस्तक

दस्तक

यशोदा सिंह

पेश लफ़्ज़

उदय प्रकाश

वाणी प्रकाशन

वाणी प्रकाशन

4695, 21-ए, दरियागंज, नयी दिल्ली 110 002

शाखा

अशोक राजपथ, पटना 800 004

फ़ोनः +91 11 23273167 फ़ैक्सः +91 11 23275710

www.vaniprakashan.in

vaniprakashan@gmail.com

Dastak

by Yashoda Singh

ISBN : 978-93-5072-301-2

Social Science

E-mail : ankur.societyforeducation@gmail.com

प्रथम संस्करण

साज-सज्जा : मृत्युंजय चटर्जी

छवि : यशोदा सिंह

शब्द संयोजन : पुष्पा राय

मूल्य : ₹ 175

ओम ऑफ़सेट, दिल्ली-110093 में मुद्रित

वाणी प्रकाशन का लोगो मक़बूल फ़िदा हुसेन की कूची से

'अंकुर' के दो शब्द

लिखना एक लम्बी रियाज़त है। आज भले ही 'रचनात्मक लेखन' की बाक़ायदा पढ़ाई होती है, और पहले भी कुछ लोग उस्तादों से शायरी के हुनर सीखते थे, लेकिन हमारे यहाँ ऐसे लेखक–लेखिकाओं की तादाद कोई कम नहीं रही जिन्होंने अपने आस–पास के समाज को ग़ौर से देखकर उसे किसी और के साथ साझा करने की कश–म–कश के तहत लिखना सीखा है। उन्होंने कभी विश्वविद्यालयों की लम्बी–चौड़ी पढ़ाई नहीं की। दुनिया ही उनकी पाठशाला बनी और साझा करने की ललक ने भाषा को अर्जित करने की दिशा में मार्गदर्शक का किरदार अदा किया। कहने की ज़रूरत नहीं कि ऐसे लिखनेवालों–वालियों की वजह से ही लिखित शब्दों का प्रांगण लगातार फैलता गया है। दुनिया के कई उपेक्षित कोने–अंतरे उनका हिस्सा बन पाये हैं और अभी ऐसा बहुत कुछ है जिसे उसका हिस्सा बनना है। शायद ही कोई और चीज़ हो जो ताक़त के मौजूदा रिश्तों को इतने दबे पाँव लगातार बदलती जा रही हो।

'अंकुर' के साथियों ने बहुत पहले ग़ौर किया था कि यशोदा का अंदाज़–ए–बयां अलहदा है, उसकी आँखें बड़ी तेज़ हैं, और दिल अपनी जगह पर है। यह उसकी प्रकाशित रचनाओं से ज़ाहिर हो गया।

फिर हमने एक तजुर्बा किया। हमने यशोदा को उदय प्रकाश जी की शागिर्दी में रखा – क्योंकि वे हमारे समय के शहर को शब्दों में उतारने वाले सबसे कुशल चितेरे हैं।

उसी तजुर्बे का नतीजा है यह किताब।

प्रभात कुमार झा

अंकुर, नई दिल्ली, 2012

'दस्तक' की दस्तक

मेरे लिए यह अनोखा और गहरी उत्सुकता से भरा एक बिल्कुल अलग क़िस्म का अनुभव था। मैं एक ऐसे रचनाकार के साथ–साथ उसकी उन पांडुलिपियों के रू–ब–रू था, जो किसी प्रचलित और बनी–बनाई, जानी–पहचानी विधाओं और रचना के 'फॉर्म्स' या रूपाकारों से बिल्कुल मुक्त, अपनी अलग ही चाल, लय और दिशाओं के साथ बढ़ रही थीं। शुरू में ये पांडुलिपियाँ, जिन्हें भविष्य में चलकर एक ही पांडुलिपि में विसर्जित हो जाना था – सब अलग–अलग टुकड़ों में मेरे सामने आती रहीं। मैं कई बार उलझनों में घिरता रहा। क्या है ये? कहानियाँ, रेखाचित्र, कथा–बिम्ब, रिपोर्ताज, संस्मरण, डायरी, नोट्स? यशोदा अपनी कलम से सभी जानी–पहचानी विधाओं को आपस में मिला रही थी और फिर इन सबके पार जा रही थी। जैसे कोई बच्चा रंगों और आकारों से खेलता है। सभी विधाओं का स्वीकार और ठीक उसी पल सभी का उल्लंघन। एक अजब मासूम बिंदास कौतुक। मैं कभी दर्शक और कभी पाठक बनता हुआ दूर से सब देख रहा था। फिर धीरे–धीरे लगने लगा कि कोई एक रूपाकार–सा कुछ बन रहा है। एक कोई बनावट या संरचना अपना आकार ले रही है। कोई एक सूत्र ऐसा बनता जा रहा है, जो इन सब अलग–अलग लगती इकाइयों को किसी स्थापत्य में चुपचाप बदल रहा है। मैं बस प्रतीक्षा करता रहा और उस सबके पीछे–पीछे चलता रहा, जो लिखा जा रहा था और मेरे पास एक–एक कर, समय के अंतराल के बीच पहुँच रहा था।

और भाषा? यह हिंदी की कोई 'प्रशिक्षित', 'संस्कारित', 'अनुकूलित' (कंडीशंड), 'नियंत्रित', 'सम्पादित' भाषा नहीं थी। साहित्यिक पत्र–पत्रिकाओं में, जिनमें अभी

तक बहुतायत में हिंदी विभागों के छात्र–आचार्यों का वर्चस्व है या फिर पत्रकारों या श्रेष्ठि वर्ण–वर्ग से आने वाले लेखक–लेखिकाओं का, उनमें ऐसी भाषा देखने को नहीं मिलती। यह कोई 'पेश्टीच' जैसा कुछ था। क्या यह नये ज़माने के 'करख़नदारों' की कोई नयी बनती हुई नयी 'रेख़्ता' है, जिसमें उर्दू, तत्सम, तद्भव, अंग्रेजी, स्थानिक या लोकल सब भाषाओं–बोलियों के शब्द पूरी बेफ़िक्री, आज़ादी और अनौपचारिकता में एक–दूसरे के साथ मिल–जुल रहे हैं। दिल्ली की पुरानी गलियों–बस्तियों में से ही निकली थी 'करख़नदारों' की बोली, जो आगे चलकर फैलती हुई खड़ी बोली में बदल गई। पहले–पहल मुझे थोड़ी नहीं बल्कि बहुत 'असुविधा–सी' हुई। मेरी पाठ–पद्धति और पाठ–संस्कार के सामने एक बीहड़–विषम भाषिक पाठ। लेकिन फिर लगने लगा कि यह दिल्ली की किसी ऐसी बस्ती के आम जीवन की वह 'सबॉल्टर्न' जुबान है, जिसमें वहाँ रहने–बसने वाले लोगों की ज़िंदगी सांस लेती है, परस्पर संवाद करती है, बोलती–बतियाती है। फिर धीरे–धीरे यह भी लगा कि यशोदा इसमें अपनी ख़ास निजता का भी रंग भर रही है। उसमें रचनात्मक बेफ़िक्री और आत्मविश्वास ग़ज़ब का था। उसे यह परवाह कहीं नहीं थी कि इसे अभिजन (एलीट) और संस्कारित हिंदी भाषा के पाठक या लेखक किस रूप में लेंगे। यशोदा के हाथ में क़लम थी और वह इससे उस जीवन के कोलाज बनाने में पूरी तरह, अपनी समूची रचनात्मक संलग्नता के साथ जुट चुकी थी, जिस जीवन का वह खुद हिस्सा थी। वह जीवन जिसे उसने अपने बचपन से देखा था, उसी में पली–बढ़ी थी और जिस सबके बीच वह तब भी जी रही थी जब वह इसे लिख रही थी। लिखे जाने के बाद का उसका उत्तर–रचना–जीवन अब भी वही है। उसी ठौर और दिनांक में, उसी दिक् और काल में। अपने जीवन में भी वह उसी भाषा को बरत रही है, जिसे वह लिख रही है। निस्संदेह वह हिंदी ही है। हाशिये के जीवन की अनगढ़ लेकिन सुदृढ़ हिंदी।

इन अलग–अलग कथांशों को पढ़ते और इनमें से गुज़रते हुए मुझे

लगातार लगता रहा कि यशोदा कभी अपनी स्मृतियों में पीछे, कभी अपने समय के निपट वर्तमान और कभी कोई स्वप्न देखती हुई आगे निकलकर किसी अपनी ख़ास 'फ़लसफ़ा' की ओर चल देती है। और यह सब कुछ आलिमों–विद्वानों की सीखी–पढ़ी किताबी भाषा, ज्ञान, लहजा, शैली और बयान जैसा कोई ससंदर्भ उदाहरण कतई नहीं बनता। यह सुख़नवरों का सुख़न नहीं, ज़िंदगी की किताब के तमाम वर्क़ और पन्नों को उलटते–पलटते, उन्हें खु़द जीती और उनमें से गुज़रती एक संभावनापूर्ण नेक क़लम की रचना है। यहाँ कहीं कोई सनसनी नहीं है, कोई 'सेंशेनल' छौंक–बघार नहीं, कोई उस्तादाना 'स्पाइस' या हुनर नहीं। यहाँ बस एक सर्जनात्मक इत्मीनान है। यह दिल्ली की किसी उस पुरानी बस्ती, बदलती और अपना नया रूप हासिल करती बस्ती या उपनगर या हाशिये की मानवीय बसावट का वृत्तांत है, जिसमें कई पात्र धीरे–धीरे, एक–एक कर आते हैं और फिर चले जाते हैं। कोई कैमरा है, जो कई छवियाँ काग़ज़ पर उतारता जाता हैं। और ये छवियाँ हमारी स्मृति में अपनी कोई जगह खोजतीं हमेशा वहीं कहीं रह जाती हैं। यह मामूली लोगों की गैर–मामूली सहभागिता और पारस्परिकता के ताने–बाने को परत–दर–परत उजागर करती एक संवेदनशील मानवीय जीवन–गाथा है। या फिर कोई ऐसा कथा कोलाज, जो एक अविस्मरणीय पात्र 'हसीना जी' के साथ–साथ चलता हुआ इन सभी बिखरी और असंबद्ध लगती ज़िंदगियों को एक किसी अन्विति में जोड़ता है और हमारे सामने के कैनवस पर एक ऐसा सहरा (लैंडस्केप) उभर आता है, जो उस जीवन का है, जिस तक हमारी पहुँच कम होती है। जहाँ तक पहुँचने के लिए हमें अपनी कारें या वाहन दूर कहीं बाहर चमकदार सड़कों, राजमार्गों के पास पार्क करने पड़ते हैं और हमारे क़दम वहाँ तक जाने में अक्सर ठिठकते हैं। वहाँ जहाँ घोषित सरकारी परियोजनाएं राशन,

बिजली, शिक्षा, पानी की तरह बमुश्किल किसी क्षीण–मलीन रूप में, ख़ुद अपना विद्रूप बनाती हुई अगर पहुँचती भी हैं, तो कई नयी समस्याओं को जन्म देती हैं।

किसी अंधड़ या चक्रवात की निश्चित आशंका में घिरे लेकिन फिलहाल स्थिर लगते समुद्र में डगमगाते किसी लाइफ़बोट या जहाज़ में मौजूद कुछ ज़िंदगियाँ, एक–दूसरे का हाथ मज़बूती के साथ थामे, हर पल आसन्न आपदाओं के सामने अपने नये रिश्तों को खोजने और बनाने वाले तमाम पात्रों–चरित्रों की अनगिन छवियाँ एक–एक कर उभरती हैं और हमें डर लगने लगता है कि कहीं इस शहर के 'वर्ल्डक्लास सिटी' होने की अमीर महत्वाकांक्षाओं के सामने ये सत्ताहीन जीवन अब मिट तो नहीं गए? उन्हें कहीं विस्थापित तो नहीं कर दिया गया, उसकी इस 'भाषा' या ज़ुबान और उसकी ज़िंदगी के साथ? लेकिन महत्वपूर्ण यह है कि यशोदा की इन रचनाओं में ऐसी आशंका कहीं भय नहीं जगाती, वह उस अपराजेय मानवीय जिजीविषा की अंतरंगता का, एक जीवित भाषा में, ऐसा विवरण प्रस्तुत करती है कि हम ख़ुद, अगर हम किसी 'विकास परियोजना' के हिस्से नहीं हैं, तो उसकी ओर स्वयं अपने भविष्य की उम्मीद के साथ देखने लगते हैं। लगता है हम ख़ुद उस लाइफ़बोट में, उसी समुद्र में, उसके सहयात्री हैं।

इन अलग–अलग कड़ियों में विभक्त कथांशों की सूत्रधार बनती हैं–हसीना जी। कई बार ऐसा लगने लगता है कि जैसे वे और कुछ नहीं, यशोदा की ही किसी परिकल्पना की काम्य या अभीष्ट पात्र हैं। क़लमकार की अपनी ही कोई कल्पित आत्मप्रक्षेपित छवि। हसीना जी एक चलती–फिरती, हर पल 'मोबाइल' कोई दरवेश जैसी हैं। एक हॉस्पिटल ऑन फुट। एक काउंसिलर। एक कोई दुआख़ाना–दवाख़ाना। मनुष्यता की एक ऐसी 'डिस्पेंसरी' जहाँ हर विपदा–आफ़त का मारा परिवार आकर

अपनी ज़िंदगी हासिल करता है। मुश्किल ज़िंदगी जीने के सहज नुस्ख़े। ऐसे 'टिप्स' जो हसीना ख़ाला के अनुभवों–तजुर्बों और उनके उस ज्ञान में से उपजे हैं, जिसे हम तत्सम हिंदी में 'प्रज्ञा' या 'प्रत्यभिज्ञा' और अंग्रेजी में 'विज़डम' जैसे शब्दों के सहारे जानते हैं। एक ऐसा सहज 'ज्ञान', जो आज के तकनीक केंद्रित (टेक्नोसेंट्रिक) समय में लगभग विलुप्त होता जा रहा है। हसीना जी 'नाफ़ उतारने' का काम करती हैं। हिंदी–भाषी अन्य इलाकों में जिसे 'धाई' के बतौर जाना जाता है। यानी प्रसव के समय जच्चे–बच्चे दोनों की सुरक्षा का ध्यान रखते हुए, शिशु के जन्म का उत्तरदायित्व निभाने वाली मिडवाइफ़ या स्वास्थ्यकर्मी 'नर्स' का पेशेवर काम। लेकिन हसीना जी यह काम करते हुए सिर्फ़ 'कम्युनिटी प्रोफ़ेशनल' भर नहीं रह गई हैं। वे उस बस्ती में स्वयं सबके साथ जीते हुए एक ऐसे व्यक्तित्व में बदल गई हैं, जो हर किसी बाशिंदे के साथ किसी गहरी संवेदनात्मक डोर से बंधा हुआ है। ऐसी डोर, जिसकी हर गांठ उस रिश्ते को और मज़बूत बनाती है।

'अंकुर' के लिए समर्पित मित्र प्रभात कुमार झा ने बहुत उत्साह और अपेक्षा के साथ जब मेरे सामने यशोदा के सृजनात्मक लेखन की आकांक्षा को एक ठोस या मूर्त आकार तक पहुँचाने में मेरी उपस्थिति का प्रस्ताव रखा, तब तक मैं स्वयं बहुत आश्वस्त नहीं था कि किस सीमा तक यह प्रयास पहुंचेगा और इसकी दिशा क्या होगी। रचनात्मक लेखन किसी भी रचनाकार का नितांत मौलिक और निजी या वैयक्तिक कर्म होता है। रचनाकार की स्वतंत्रता हर उस हस्तक्षेप या दख़ल से बाधित ही होती है, जो उससे बाहर का होता है। भले ही वह कोई आलोचक–समीक्षक हो या गुरु–गाइड। रचना एक 'सोलो' या एकांतिक खेल है। इसका कोई और साथी नहीं। रचना–प्रक्रिया के दौरान रचनाकार के अलावा अन्य कोई भी दूसरा एक 'आउटसाइडर' ही होता है। मैंने हमेशा यह ध्यान रखा

कि मेरी सुदूर उपस्थिति किसी भी रूप में यशोदा की मौलिकता, निजता और स्वतंत्रता को कहीं से भंग न करे। वह अपने हाल पर, अपने कौतुकों और कठिनाइयों के साथ, रचने और बनाने–गढ़ने की चुनौतियों से ख़ुद निपटने के लिए अकेली छोड़ दी जाए। मुझे सचमुच बहुत ख़ुशी है कि अपने जीवन की तमाम ज़िम्मेदारियों और कठिनाइयों के बीच उसने किसी उपलब्धि की तरह 'दस्तक' को उसकी परिणति तक पहुँचाया है।

मुझे पूरा विश्वास है कि पाठकों के बीच 'दस्तक' अपने नयेपन और ताज़गी के लिए सराही जाएगी। इसकी सहज रचनात्मक अनगढ़ता ही इसकी सबसे बड़ी उपलब्धि है।

शुभकामनाओं के साथ

उदय प्रकाश

अनुक्रम

दस्तक

हसीना ख़ाला आज अपनी छत पर छोटी सी दरी बिछाए बैठी हैं। बाल खुले हुए, शरीर आराम की मुद्रा में एकदम पसरा हुआ। छत की मुंडेरी पर रखा छोटा सा रेडियो जिसमें पुराने गानों की धुन छिड़ी हुई है। अपने पैरों को गाने की लय पर हौले–हौले थिरकाते हुए हसीना ख़ाला आज अपनी जगह को बहुत ध्यान से देख रही हैं।
चारों तरफ़ बस छतें ही छतें। कुछ कच्ची, कुछ पक्की, कुछ छोटी, कुछ बड़ी, कुछ ऊँची, कुछ नीची। इस भिड़ंत में ग़लियाँ कहीं खो सी जाती हैं। वो रेडियो लेकर खड़ी हुईं, आवाज़ को बढ़ाते हुए छत के चारों तरफ़ चलने लगीं जैसे कि अपनी जगह को नाप लेना चाहती हों। दूर से किसी ने उन्हें आवाज़ लगाई। उन्होंने भी अपने माथे पर हाथ को रखते हुए चुंधियाई आँखों से उस दूर दिशा में देखा। एक पतली सी औरत उन्हें देखकर मुस्कुरा रही थी और हाथ से अपने पास बुलाने का इशारा दे रही थी। हसीना ख़ाला भी उस औरत की तरफ़ देखकर हँस दीं और उसे ठहरने का इशारा देते हुए फिर से अपनी छत पर चलने लगीं।

इन छतों को देखने में भले ही गलियाँ कहीं गुम हो जाती हों पर हसीना ख़ाला को अपने रास्ते बनाने का हुनर आता है।

जो जहाँ आकर रुका, वो बस वहीं का हो गया

आज हसीना ख़ाला का मन ख़ुश है।

वो नीचे वाले घर की अँगनाई में बैठीं क़ायनात को उस समय की बातें बता रही हैं, जब वो यहाँ नयी–नयी ब्याह कर आई थीं। क़ायनात इनके ही पड़ोस में रहने वाली एक ऐसी लड़की है जिसका मन ज़्यादातर इनकी ही अँगनाई में लगता है।

आज भले ही इस जगह तक आने के कई रास्ते बन गए हों, पर पहले, शुरू के दौर में ये एकदम खुली हुई थी। इस जगह में जहाँ से भी लोग अंदर आते, बस वहीं से धीरे–धीरे एक रास्ता बन जाता।

पहले जगह ही जगह थी। लाइट न होने के बावजूद भी कितना चैन और सुकून था, जो आज कूलर और पंखे में भी नहीं मिलता। ऊपर वाला हमेशा मेहरबान रहता, लगता कि जैसे उसने जन्नत की खिड़की हमारे लिए खुली छोड़ी हो।

खुली खिड़की में से गधे, घोड़े, आते–जाते लोग, इक्का–दुक्का गाड़ियाँ और बच्चे नज़र आते।

बाहर वाली सड़क घर के बाहर से ही साफ़ नज़र आती थी। जब भी कोई गाड़ी सामने से गुज़रती तो पग्गल का छोटा बेटा उसके पीछे ऐसे दौड़ता, जैसे उसे अभी पकड़ लेगा। इसकी इसी आदत की वजह से इसे सब 'बुलट'

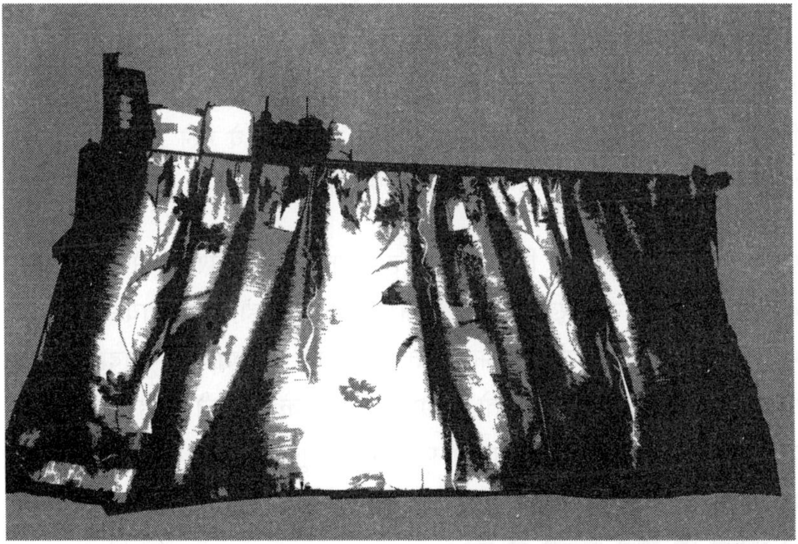

(बुलेट) कहकर बुलाने लगे और फिर इसका नाम ही 'बुलट' पड़ गया। वैसे इसका नाम कुछ और है, पर असली नाम तो अब किसी को भी पता नहीं, यहाँ तक कि मुझे ख़ुद भी 'बुलट' ही याद आता है।

जानती हो, बच्चे ऐसे मिट्टी और पत्थरों से खेलते थे, जैसे सारे खिलौने उनके इसी में समाये हों। मिट्टी में धूसल–मूसल होना और पत्थरों के घर बनाना। उस समय पता ही नहीं चलता था कि कब बच्चे ने घुटनों–घुटनों चलना सीखा और कब दौड़ना। मिट्टी में बहुत ताक़त होती है, बच्चा जितनी ज़्यादा मिट्टी में खेलता है, उतनी ही जल्दी रफ़्तार पकड़ता है। पर आजकल तो लोग मिट्टी से ऐसे परहेज़ करते हैं, जैसे उसके लगने से वे मैले हो जाएँगे, जैसे उसी मिट्टी में एक दिन उन्हें जाना ही न हो।

पहले टी.वी तो था नहीं, सिर्फ रेडियो हुआ करता था और वो भी उन लोगों के पास, जिनकी उन्हें ख़रीदने की हैसियत थी। अरे हाँ, याद आया–धोबीघाट में एक जन के पास टीवी हुआ करता था। वहीं पर जाकर ज़्यादातर बच्चे फ़िल्म देखा करते थे। पहले तो धोबीघाट अम्मा के घर की तरह लगता था। दो क़दम मारो और पहुँच जाओ। पर अब ये पूरा इलाक़ा भर गया है और सड़क से पूरा घूमकर वहाँ जाना होता है। मेरी एक सहेली थी वहाँ, पर अब तो उससे भी मिले ज़माने हो गए।

हम तो भैया उस समय में एक रुपया किलो के चावल बाज़ार से ले आते और फिर सभी औरतें मिलकर चावलों की साफ़–सफ़ाई, अनाज को धोना–सुखाना, दालों को बीनना–फटकारना, बस इसी में लगे–लगे पूरा दिन यूँ ही काम और ठिठोली के बीच चुटकियों में बिता देती थीं।

तारों भरी रात में, बड़े इत्मीनान से लालटेन की लौ कम करके बाहर चारपाई डालकर लेट जाते। पहले यहाँ सभी खाटों और फट्टों के बने तख़्तों पर ही सोया करते थे। न कोई गद्दा, न कोई चादर। चारपाई की पटिया ही तकिया

बन जाती और खाट की ढीली पड़ती बान मुलायम गद्दे जैसा आराम देती... और बस नींद में आँखें ऐसे खोतीं, जैसे परियों की बादल नगरी में आत्मा।

लेकिन आज देखो तो क़ायनात, यहाँ तिल भर भी जगह नहीं बची है। इस चौक में जहाँ आज दो लोग मुश्किल से बैठ पाते हैं, यहीं पहले कम से कम पचास लोग आराम से बैठकर घंटों फिल्म देखा करते थे।

जब मेरी शादी हुई थी, उसके बाद 'ये' दो साल सऊदी अरबिया रहकर आये थे। काम के सिलसिले में। और वहाँ से लौटते समय अपने साथ सौग़ात में एक वी.सी.आर., एक गर्म पानी की केतली और एक बड़ा बक्सा लेकर आए थे।

वी.सी.आर. हम हफ़्ते में एक बार चलाया करते थे। शनिवार की रात ऐसी होती सभी के लिए कि बस तुरत–फुरत जल्दी से सभी काम निपटाकर अपनी जगह पक्की कर ली जाये, जिस पर बैठकर रात भर, उन सब परेशानियों से फ़ारिग़ हो लिया जाए, जो इस पूरे सप्ताह घटी। और उस चिंता से भी कि अब आगे क्या होने वाला है। वह 'काला डिब्बा' हमें ऐसी तमाम उलझनों से दूर चलते चित्र और उन जगहों को दिखाता, जिनमें हमारा मन सब कुछ भूलकर बस उसी में खो जाता। उसमें से निकलते मीठे गाने हमारे थके हुए जिस्म में नई और अनोखी थिरकन भर देते।

फ़िल्मों के कैसेट किराये पर आया करते थे। जो लोग आपस में पैसा मिला सकते थे, वो सभी की पसंद की तीन फिल्मों के कैसेट किराये पर ले आते।

इसी जगह, उस सामने वाले घर में, जहाँ निर्मला बाजी का परिवार आज पूरा नहीं समा पाता, यहाँ हम काफ़ी सारी औरतें अंदर कमरे में ही दरी बिछा लेतीं और इत्मीनान से पैर पर पैर चढ़ाए, बाइस्कोप के मज़े लेतीं। बाहर मर्दों की मण्डली जमती। हँसते–खिलखिलाते तीन फ़िल्मों के बीच कब सुबह हो जाती, किसी को पता ही नहीं चलता था।

ये जो आज नज़र आते हैं न चूने और पत्थर के बने घर, जिनमें हम चैन से पड़कर सो जाते हैं, शुरू में तो यहाँ कुछ भी नहीं था, सिवाय मिट्टी और रोड़ों के। तब हमने चार कोनों पर बाँस के डंडे बाँधकर, खुले आसमान के नीचे ही अपना समय काटा था। तेज़ हवा आती तो हमारा तिरपाल का बना छपरा थरथरा जाता, पर कभी हमारा मन नहीं कांपा उस समय की कठिनाइयों से, और ऐसा मन लगा इस जगह में कि फिर कहीं जाना ही नहीं हो पाया। ये जगह हमने अपने हाथों से साफ़ की थी।

हाथों में छाले पड़ जाते थे, पत्थरों को तोड़ते–तोड़ते।

जब वो ये कहती हैं, तो समय गाँठों के रूप में उनके हाथों में जमा नज़र आता है। जैसे उस समय को आज भी उन्होंने अपनी मुट्ठी में क़ैद कर रखा हो।

मुट्ठी को खोलते ही वो समय ख़ुद–ब–ख़ुद ज़िंदा हो जाता है और उनके बोल बनकर उनके होंठों से झरने लगता है। उनकी नज़र आज भी जैसे कहीं दूर ठहर जाती है... शायद उन ऊँची–नीची पगडंडियों पर, जिनसे वो इतने गुज़रे हुए सालों में दूर तो निकल आईं, पर असल ज़िंदगी का स्वाद जैसे वहीं पीछे छूट गया।

वो अपने आज में जीने वाली शख़्सियत हैं, पर कभी–कभी वो अपने पिछले आईने में भी झाँक लेती हैं। उसी आईने की चमक से वो आज एक परछाईं खींच रही हैं।

इस जगह के बदलते रूप की परछाईं। ...जैसे मौसम एक–सा नहीं रहता, ऐसे ही कुछ भी अपने पहले जैसे रूप या आकार में अब नहीं दिखता। कुछ आँखों से धीरे–धीरे ओझल हो जाता है, तो कुछ नया आँखों में बसने की अपनी जगह तलाशता है।

जैसे कि ये सामने वाला चबूतरा, जिस पर कभी 'फलों वाली अम्मा' बैठती थीं, जो अपने समय की बातें बाँटने के साथ–साथ कुछ फल भी बेच लिया करती थीं। इससे उनका कुछ ख़र्च भी निकल जाता और समय भी। सबसे बोलते–बतियाते मिनटों से सेकेंडों में दिन बीत जाता। लेकिन न तो आज वो हैं और न ही वो चबूतरा, जिस पर कभी भी कहने–सुनने वालों की महफ़िलें हमेशा जमी रहती थीं।

इस जगह के घटने–बढ़ने, बदलने–बिगड़ने की परछाईं, उनकी आँखों में जैसे अब भी ताज़ा है और उसी दम से शायद वो ये बोल पाती हैं कि "जगह दबते–दबते इतनी दब गई है कि अगर कोई मर जाए तो उसका जनाज़ा निकालना भी मुश्किल होगा यहाँ से।"

जो जहाँ आकर रुका इस भरते मेले में, वो बस वहीं बस गया।

कुछ पहले से सोचा हुआ नहीं था। धीरे–धीरे जुगाड़ के चलते, पहले दो, फिर चार ईंटें ऐसी लगनी शुरू हुईं कि तब से लेकर आज तक यह जगह बनती ही नज़र आती है। कहने को इसे बसे तीस साल हो चुके हैं, लेकिन आज भी कोई यह नहीं कह सकता कि अब काम पूरा हुआ।

गीले आटे के निशान

हसीना ख़ाला अलमारी के सारे कपड़ों को बाहर निकालकर झाड़ रही थीं। फ़र्श पर बिछे कालीन पर आलथी–पालथी मारे वो बड़े इत्मीनान से बैठी थीं। जब वो पैरों को मोड़कर उकड़ू बैठती हैं तो उनकी पिंडलियाँ बाहर की ओर निकल आती हैं। इससे उनके पैरों की सूजन ज़्यादा दिखने लगती है।

आज उनके आगे कपड़ों की कई ढेरियाँ लगी थीं। एक तरफ़ उन कपड़ों का ढेर था जो किन्हीं ख़ास मौक़ों पर पहने जाते हैं यानी कि कामदानी सूट, भरे हुए सूट, दबके के सूट, कढ़ाई वाले सूट। शायद ही किसी ने उन्हें इन सूटों में देखा हो।

दूसरी तरफ़ वो कपड़े थे जो वो बाहर आने–जाने में पहनती हैं। इनमें जॉरजट और क्रेप के हल्के सूट थे जो गर्मी में बदन को राहत देते हैं। इन कपड़ों के सभी रंग बहुत हल्के थे यानी कि लाइट शेड।

तीसरी तरफ़ उन कपड़ों की ढेरी थी जो वो घर में पहनतीं हैं, मसलन वो सूट जिनके रंग फीके पड़ गए हैं या जो घिस गए हैं या जिनमें किसी दूसरे कपड़े का रंग चढ़ गया है।

इन्हीं सबके बीच एक तरफ़ शहज़ाद जी के कपड़ों का ढेर भी था। इन्हीं सब ढेरियों में से वो पीले पड़ते कपड़े, जंगियाये कपड़े, धब्बे लगे कपड़े, छेद हुए कपड़े अलग निकालती जा रही थीं। शायद वो उनसे कुछ और चीज़ बनाने के जुगाड़ में थीं।

हसीना ख़ाला जब भी कोई सूट ध्यान से देखती हैं तो उसे आँखों के बहुत पास ले आती हैं। एकदम पुतलियों के क़रीब लाकर वो अपनी दोनों आँखों को भींचते हुए देखती हैं, जैसे बहुत मुश्किल से वो उसकी हालत का अंदाज़ा लगा रही हों। उनकी आँखों में नम्बर आए एक अरसा हो गया। चश्मा भी बन गया पर वो कभी चश्मा पहनना पसंद नहीं करतीं। वो प्यालियों के ऊपर पड़ा–पड़ा ऊँघता रहता है।

वो कपड़ों को हाथ से छूती हैं, कुछ सोचती हैं और जब उन्हें लगता है कि इसे रिटायर करना है तो वो इसे अपने बराबर में डाल देती हैं। अगर लगता है कि इसे रखना है तो उसे खूब झाड़ती हैं और अच्छे से तह करके रख देती हैं।

उनके आगे कपड़ों की पाँच ढेरियाँ लगी थीं। पहला – ख़ास मौक़ों के कपड़े, दूसरा – बाहर आने–जाने में पहनने के कपड़े, तीसरा – घर में इस्तेमाल होने वाले रोज़मर्रा के कपड़े, चौथा – शहज़ाद जी के कपड़े और पाँचवाँ – इस घर को पहनाने के कपड़े जैसे तकियों के ग़िलाफ़, चादरें, पर्दे, कुशन कवर, खिड़की का झालर वाला पर्दा, मचान का पर्दा, किचन का छोटा सा पर्दा आदि। ये वो कपड़े हैं जिनसे अभी बहुत कुछ बनना बाकी है।

किचन और बैठक के बीच जो चौखट है उसमें कभी पर्दा नहीं लगता क्योंकि इनके बीच छोटा सा दरवाज़ा है जिसकी वजह से दो जगहें अलग–अलग नामों से जानी जाती हैं, नहीं तो सीधे कह दिया जाता 'बड़ा कमरा'। ये छोटा दरवाज़ा एक अहम भूमिका निभाता है इस बँटवारे के बीच।

गर्मियों में यहाँ इस मटीले कालीन पर चींटियाँ बहुत निकलती हैं जिन्हें हसीना ख़ाला की कमज़ोर आँखें देख नहीं पातीं इसलिए जब भी उनके पैरों में चींटी काटती है तो वो जल्दी से 'लक्ष्मण रेखा' की चॉक निकाल कर कालीन पर अंदाज़े से रेखा काढ़ देती हैं जिससे चीटियाँ इस पार न आ पाएँ। इतनी रेखाएँ हसीना ख़ाला इस मटीले कालीन पर खींच चुकी हैं कि देखने पर लगता है

कोई शरारती बच्चा अभी–अभी कालीन पर चॉक से कोई मज़ेदार खेल खेलकर गया हो।

इनके पास लकड़ी की एक पुरानी सी अलमारी है जो तीन भागों में बनी है। नीचे कपड़ों की एक बड़ी दराज़ है। उसका दरवाज़ा दो पल्लों का बना है। वो अपनी तरफ़ खींचने पर खुलता है। उसके ऊपर शीशे का एक शोकेस है जो अलमारी में ही बना है। उसमें टीवी रखा रहता है। उसके ऊपर एक और दराज़ है जिसका एक ही लंबा सा दरवाज़ा है जो ऊपर की ओर खुलता है। उसमें वो कपड़े रखे जाते हैं जो कभी–कभी इस्तेमाल के होते हैं। नीचे वाली दराज़ में रोज़मर्रा के कपड़े रखे जाते हैं जिन्हें वो बैठे–बैठे ही बड़े आराम से निकाल लेती हैं।

उनके मुकाबले शहज़ाद जी के कपड़े बहुत कम हैं और उनका कपड़ों का कोई कलैक्शन भी नहीं है।

ये अलमारी हसीना ख़ाला ने अपनी पसंद से बनवाई थी। इसका चटकीला हरा रंग बहुत सुन्दर लगता है।

अपने छोटे–छोटे हाथों से वो कपड़ों की तह भी छोटी–छोटी लगाती हैं और उन्हें दुपट्टे की पोटली में बहुत ही ख़ूबसूरती से छोटी–सी गाँठ की तरह बाँध देती हैं ताकि वो अलमारी के एक कोने में क़रीने से रखे रहें।

घर में काम करते समय उनका ध्यान बाहर से आती आवाज़ों पर भी रहता है। बाहर से आती सब्ज़ी बेचने वाले की आवाज़ या लहसुन, प्याज़ वाले की आवाज़ उन्हें चौकन्ना सा कर देती है। वो ज़ेहन पर ज़ोर डालकर सोचती हैं – घर में प्याज़ है या ख़त्म हो गई।

कमरे में पंखे की आवाज़ और बाहर से आती आवाज़ों के बीच वो सारे काम

बड़ी कुशलता और प्यार से संगवाती रहती हैं।

दोपहर के तीन बजे दरवाज़े पर आहट हुई। उनकी आख़िरी पोटली बची थी अलमारी में रखने को। ज़ीने से नब्बे साल की एक औरत आ रही थीं। उनकी पतली–पतली नसें सूखकर हड्डियों से चिपक गई थीं। बाल मेहंदी की मोटी परत से लाल हो रहे थे। आँखों पर बहुत मोटी ऐनक थी जिससे आँखों के ढेले बहुत मोटे–मोटे दिख रहे थे। बादामी सूट पहने वो झुकी कमर से कालीन पर आ बैठीं। उनके पीछे एक और औरत थीं जिनकी उम्र साठ के आसपास होगी। उनकी देह बहुत वज़नी थी लेकिन उनके हाथ–पैर एकदम पतले–पतले और बाल सफ़ेद थे। अन्दर दाख़िल होते हुए वो बोलीं, "अस्सलाम अलयकुम।"

हसीना ख़ाला ने मुस्कुराते हुए कहा, "वा अलयकुम अस्सलाम। आज यहाँ कैसे?"

लाल बालों वाली औरत बोलीं, "बस चले आये।"

उनके ज़्यादातर दाँत टूट चुके थे और जो बाक़ी थे वो पान की लाली में छुपे पड़े थे। आवाज़ ऐसे निकलती जैसे उसे कोई बहुत अंदर से बाहर की तरफ़ धकेल रहा हो। कुछ–कुछ शब्द तो बीच में ही न जाने कहाँ छूट जाते। अम्मा के उल्टे हाथ पर चेन वाली घड़ी बंधी थी जिसकी पॉलिश एकदम ग़ायब हो चुकी थी।

उनकी आपस में बातें होने लगीं तभी ज़ीने से दो औरतें और आईं।

"अच्छा भई आज सब यहीं मिल जाएँगे।"

साठ साल वाली औरत बोली, "तुम्हारा पीछा कर रहे हैं।"

बस फिर शुरू हो गई आपस की बातें।

वो बोलीं, "जो दिल्ली का रहने वाला होगा उसे और जगह का सामान पसंद आएगा ही नहीं। हम दिल्ली के रहने वाले हैं। कहीं भी चले जाएँ लेकिन सामान के लिए तो यहाँ आएंगे ही। दिल्ली में जो बात है, वो और कहीं नहीं। सालों गुज़र गये मुझे वहाँ रहते। ब्याह कर सीधी वहीं गई पर किसी न किसी बहाने से दिल्ली आना हो ही जाता है। दूर रहने से अपने रिश्ते भी कहाँ छूटते हैं भला। जितनी दूर चली गई हूँ उतनी पास हो गई हूँ सबके।"

चाय की ट्रे मटीले कालीन पर आकर रखी गई। हाथ आगे बढ़े, प्यालों को थामने के लिए। दोपहर की अलसाती गर्मी में चाय सबमें जोश फूँक गई। उनका पूरा घर आज भर गया था। आवाज़ें आपसी बातों में टकरा रही थीं और हसीना ख़ाला बड़े कुंडे में आटा गूंध रही थीं। किचन में काम करने पर भी उनका हुंकारा बराबर सबके साथ टकरा जाता।

"बड़े ख़ुशनसीब होते हैं वो जिनके घर कोई आता है।" वो कह रही थीं और अपनी धुन में मगन खाने की तैयारी कर रही थीं। आज उनकी ख़ुशी उनके मासूम से चेहरे से बयाँ हो रही थी।

हवा तेज़ी से आती और पर्दा फड़फड़ाने लगता। वो धीरे से उठतीं। आटे के सने हाथों से पर्दे को पकड़कर बराबर में खड़ी बल्ली में खोंस देतीं और पर्दा चुरमुराकर बड़ी मासूमियत से उन्हें ताकता रहता।

पर्दे पर बने हसीना ख़ाला के गीले आटे के हाथ के निशान हवा लगने से सूखते चले जा रहे थे।

मीठी गवाही

शरबत आ चुका था। 'बिसमिल्लाह' कहकर सबने एक–एक प्याला लिया। ज़्यादातर लोग शरबत पीकर चलने को खड़े हुए। तभी तसलीमा ने सबकी तरफ़ देखा और बोली, "मुझे विदा कौन करेगा?" मीठे से माहौल में उसके इस जुमले को सुनकर सभी की नज़रें उस पर आ जमीं। बे–मौसम बारिश की तरह, शायद ये जुमला सबके बीच गिरा था। पर इसे उठाने और अपनाने की ताकत वहाँ बैठे हर किसी में नहीं थी। तभी साथ ही बैठीं हसीना ख़ाला बोलीं, "चाहे सुबह के चार क्यूँ न बज जायें, तुम्हें तुम्हारे घर तक विदा करके ही जाऊँगी, मैं यहाँ बैठी किसलिए हूँ?" महफ़िल में पड़े लावारिस जुमले को अपनी मंज़िल मिल गई। सभी की नज़रें जो कुछ समय के लिए एक ही जगह आ जमी थीं अब तितर–बितर हो गई थीं। गुन–गुन करते आवाज़ों के छोटे–छोटे घोंसले बनने–बिखरने लगे। उसकी घनी पलकें आज ताज़ा रिश्ते के भार से झुकी–झुकी कहीं खो सी रही थीं।

तसलीमा दस साल की थी तब से ही वो अपनी छोटी ख़ाला के घर में रह रही थी। तसलीमा के वहाँ रहते हुए उसकी ख़ाला के दो बच्चे भी हुए जिन्हें तसलीमा ने ही पाला। बच्चों को पालते–पालते वो अपनी उम्र से कब बड़ी हो गई, ये उसे पता ही नहीं चला। ख़ाला को उसने अपना ख़ूब ख़ाली समय दिया ताकि वो अपनी जॉब देख सकें। घर की सारी ज़िम्मेदारी उसने ख़ुद उठा ली।

खानों में तरह–तरह के एक्सपेरिमेंट करना उसने वहीं से सीखा था। अपने काले चेहरे पर वो काफी कुछ रगड़ती, पर उसका रंग जैसा पक्का था वैसा ही रहा,

उसके हाथ का ज़ायका ज़रूर दिन–ब–दिन निखरता गया। उसकी काया से तो उसे कभी तारीफ़ नहीं मिलती पर ज़ायकों में वो सबसे वाहवाही लूट ले जाती।

बच्चे अब बड़े हो गये थे। इतने बड़े कि स्कूल जाने लगे थे। ख़ाला की पोस्ट भी बढ़ गई थी। इतने सालों में ख़ाला को अब जाकर ये एहसास हुआ कि उनके बच्चे उनसे दूर हो रहे हैं।

हुआ यूँ...। ख़ाला की बेटी नबिया का जन्मदिन था।

तसलीमा सुबह से ही बहुत ख़ुश थी। उसने सुबह के नाश्ते के बाद अपनी कमर में कसकर दुपट्टा बाँधते हुए अपने पेट और ऊपरी हिस्से को ठीक से ढंक लिया और फिर शुरु हो गई झाड़ू लेकर घर को बुहारने और सँवारने। घर इतना बड़ा नहीं था कि कुछ भी सामान कहीं पर भी सेट कर दिया जाये। लेकिन हाँ, इतना ज़रूर था कि थोड़ी जुगत लगाई जाये तो थोड़ी बहुत सेटिंग बदली जा सकती थी। बस, तसलीमा भी इसी भिड़ंत में लग गई। आज वो घर के चेहरों को थोड़ा बदलना चाहती थी। जब रात के खाने पर सब जमा हों तो उन्हें एक नया तरोताज़ा घर का आईना देखने को मिले। बस, इसी कोशिश में वो दिन के अगले पहर तक जी–जान से काम में जुटी रही। कभी टीवी की जगह बदलती तो कभी वॉशिंग मशीन को दरवाज़े के पीछे कोने में लगा देती। कभी खूंटियों पर टँगे कपड़ों की तह बनाकर उन्हें पोटली में बाँध मचान पर रखने की सोचती तो कभी अलमारी में ही जगह बनाने की कोशिश करती। कभी सामने बिछे गद्दे को सिकोड़ती और कुर्सी, मेज़ को वहाँ पर रखकर देखती और मज़ा न आने पर गद्दे को ठीक से बिछाने लगती। उस पर नई चादर बिछाती और कुशन–गावतकिये से उस हिस्से को निखार देती। कई घंटों की मेहनत के बाद घर अपनी नई सूरत में मुस्कुरा रहा था।

घर की साफ़–सफ़ाई के बाद उसने सब खाना नबिया की पसंद का बनाया और उसके पसंदीदा रंग की ड्रेस को भी गिफ़्ट–पैक किया, जो उसने कई

सप्ताह पहले तैयार करनी शुरू की थी। ड्रेस बेशक़ीमती नहीं थी लेकिन हाँ, तसलीमा के प्यार ने उसे बहुत ही अनोखा और बहुमूल्य बना दिया था। उसने अपनी जेब के मुताबिक हल्के काम की ड्रेस खरीदकर उसमें अपने हाथ से ही सितारे और नग लगाये थे।

शाम हुई, बाज़ार से केक मँगाया गया। कुछ ख़ास मेहमान घर पर आये। तसलीमा की ख़ाला भी अपनी बेटी नबिया के लिये एक बहुत सुन्दर फ़्रॉक लेकर आईं।

वो चाहती थीं कि आज की शाम नबिया वही फ़्रॉक पहने। पर नबिया का दिल तसलीमा की बनाई फ़्रॉक पर अटक गया था। काफ़ी कहने के बाद भी नबिया नहीं मानी। उस पर ज़्यादा दबाव भी नहीं डाला जा सकता था। वो अभी छोटी थी और अपनी बात या पसंद बताने में सच्ची।

आख़िरकार तसलीमा की बनाई फ़्रॉक नबिया के जिस्म पर खिल उठी। ये एक पीली फ़्रॉक थी, जिसमें नबिया एक मासूम गुड़िया लग रही थी। छोटी सी महफ़िल जमी और बहुत प्यार से रात गुज़र गई।

लेकिन ख़ाला के मन में बेचैनियाँ छोड़ गई और इन्हीं बेचैनियों के चलते उन्हें तसलीमा कुसूरवार लगी। उन्हें लगने लगा कि जब तक तसलीमा यहाँ बनी रहेगी, उनके बच्चे उनके क़रीब नहीं आ पायेंगे। उन्हें मुश्किल तो हुई, लेकिन आख़िरकार उन्होंने तसलीमा को, अपनी आवाज़ में सारी सख़्ती भरकर, इस घर से चले जाने को कह ही डाला।

तसलीमा न तो बच्चों को छोड़ना चाहती थी और न ही घर को। इस घर को उसने अपना समय जो दिया था। अब तक तो वो यही समझती आई थी कि ये घर उसी का है। इस घर की हर चीज़ उसकी भी उतनी है, जितनी उस घर में रहते औरों की है।

ख़ैर, तसलीमा अपनी माँ के साथ चली आई पर इतने साल अपनों से दूर रहने पर इन रिश्तों में भी अजनबीपन आ रहा था। जिन भाई–बहनों को वो ख़ाला से छुपाकर खाने के डिब्बे बाँध–बाँधकर दिया करती थी, वो आज़ उससे एक प्याली चाय भी बाँटने से कतराने लगे थे। यहाँ तक कि रात में भी उसे सोने को जगह मुश्किल से मिलती। दिन तो फिर भी इसके–उसके दरवाज़े पर कट जाता, पर जैसे ही रात आती, उसे एक अनजान खौफ़ घेर लेता कि ये रात कैसे कटेगी?

बहुत बार ऐसा हुआ कि उसे घर से बाहर धकेलकर, घरवाले आराम से दरवाज़ा लगाकर सो गए और उसकी रात किस्तों में कटी।

कभी गली, कभी किसी के घर का कोना तो कभी किसी का सुनसान पड़ा ज़ीना। समय तो बीतना था और वो जैसे–तैसे बीत ही रहा था लेकिन बहुत कम समय में ही उसके दामन से ग़ैर के साथ जीने के अनुभव भी बंध गये थे, जो उसकी अब तक की जी हुई ज़िंदगी की पूँजी थे।

उसके पास अपना कुछ नहीं था...। घरों में खाना पकाने का काम उसने अपना लिया था। इसी के चलते उसकी ज़िंदगी में एक ऐसी शख़्सियत टकराई जिन्हें लोग 'आपा' कहकर पुकारते थे। वैसे नाम उनका मुनव्वर जहाँ है, पर लोगों के लिए वो आपा थीं। तसलीमा के खाने के ज़ायके ने उनका मन कुछ यूँ मोहा की तसलीमा की शादी की ज़िम्मेदारी उन्होंने अपने ऊपर ले ली।

और... आज तसलीमा की शादी है।

ये शादी घर की चारदीवारी के बीच हो रही है। आज मुनव्वर जहाँ का ये छोटा सा घर उन सबको अपने अंदर समाता जा रहा है जो तसलीमा को दुआएँ देने आए हैं।

बाहर चौखट पर चप्पलों का ढेर लगता जा रहा है और अंदर बिछी सफ़ेद चाँदनी पर सब एक–दूसरे को अपने बगल में जगह देते हुए एक–दूसरे से मुख़ातिब हो रहे हैं।

ये एक ऐसी रात की भोर है जिसके बारे में कोई नहीं जानता कि आगे क्या होगा? लेकिन मन में आई बहुत सी दुविधाओं को, ये लोगों से सजी महफ़िलें बहुत हद तक धुंधला देती हैं।

रोशनी, ख़ुशबू, गहने, कपड़े, फूल सफ़ेद चाँदनियाँ सब कुछ परिकथाओं की तरह लगता है। ऐसे समय में सबके भीतर का एकांत, सबके बीच होता हुआ भी अपने ही किसी भँवर में गोते खाता रहता है। लेकिन आप कितने भी गुम हों, लोगों के अहसास की गर्माहट आपको अपने पास खींच ही लेती है।

मुनव्वर जहाँ आज कुछ ज़्यादा ही व्यस्त थीं।

मुनव्वर जहाँ पतली–दुबली और गोरी–चिट्टी पचास साल की औरत हैं। उन्होंने सब तैयारियाँ अपने हाथों से की हैं। तसलीमा की शादी का प्याज़ी रंग का लहंगा भी उन्होंने अपनी पसंद का ही सिलवाया है, जिसमें तसलीमा आज बहुत खूबसूरत लग रही है। तसलीमा की बड़ी–बड़ी आँखों में काला सुरमा ऐसे समा गया है जैसे उसका बहुत क़रीबी साथी हो। लंबी नाक में गोल नग लगी बड़ी नथ पूरे चेहरे को आज एक नया रूप दे रही है।

वहाँ जो भी लोग आए हुए थे, वे एकदम सादे थे – बिल्कुल मुनव्वर जहाँ के घर की तरह। न तो कोई डांस कर रहा था और न कोई शोर–शराबा था। ये एक ऐसी शादी थी जिसमें सारी रस्में बड़ी संजीदगी और ख़ामोशी के साथ अदा की जा रहीं थीं।

घड़ी रात को और ज़्यादा गहरा रही थी। 'टन'–'टन'–'टन'...!

यहाँ लकड़ी का काफ़ी पुराना–पुराना फ़र्नीचर था। कुर्सी, अलमारी, मेज़। इनकी ज़्यादातर चीज़ों में समय छुपा हुआ लगता है, जो आपा की शख़्सियत की पहचान भी है। मुनव्वर जहाँ के साथ रहते हुए इन चीज़ों ने भी ज़िंदगी के कई पहलुओं को चखा है।

सुना तो बहुत था उनके बारे में, कैमरे के फ़्लैश की तरह चमक गईं तो चमक गईं, नहीं तो उनकी परछाईं को भी पकड़ना मुश्किल है। लेकिन आज हसीना ख़ाला को तसलीमा की शादी में गवाह के तौर पर देखकर क़ायनात को बड़ी तसल्ली मिली। उनके कई रूप सुन रखे थे क़ायनात ने, पर ये पहला मौक़ा था जब उनके रूप की एक–एक परत क़ायनात के सामने खुल रही थी। दरअसल हसीना ख़ाला की कोई जमी हुई पहचान नहीं है। उनके इस लचीले, बदलते रूप की अनेकों परछाइयाँ हैं, जिसकी हर परत समय के साथ–साथ खुलती है।

कहते हैं कि इंसान के बहुत मुखौटे होते हैं, लेकिन ये मुखौटे नहीं जीने के अंदाज़ हैं, जो हर महफ़िल अपने मुताबिक़, सभी को अपने अंदर शामिल होने से पहले बख़्शती है।

समय बढ़ रहा था। जश्न सिमटना शुरू हो चुका था और कुछ क़दम घर की तरफ़ बढ़ चले थे।

मुनव्वर जहाँ के ज़ीने से नीचे उतरते ही पाँव घर की ओर बढ़ रहे थे और पुरानी दिल्ली के सुईंवालान बाज़ार से गुज़र रहे थे।

बाज़ार दिन की रौनकों से एकदम उलट था। दिन के उजाले में चमकीले, भड़कीले कपड़ों, जूतों, चप्पलों, हार–बूंदों से भरा नज़र आने वाला ये बाज़ार रात में ज़ायक़ेदार खानों से महक रहा था। बंद दुकानों के शटर के आगे देग़ों के खोमचे लगे थे। भीड़ इतनी हो चली थी कि रिक्शा दूर तक ना दिखे। पूरा बाज़ार भीड़ से भरपूर था। अचानक हसीना ख़ाला ने देखा कि जहाँ दिन में

औरत–मर्दों का मेला दिखता, वहाँ अब सिर्फ़ मर्दों की ही रेलमपेल थी। जैसे–जैसे रात गहरा रही थी, यहाँ की रौनक भी बढ़ती जा रही थी।

समय अपनी तस्वीर अपनी ही तरह से उतारता है। कहीं तो ये पुरानी चीज़ों में मुस्कुराता है और कहीं ऐसे जायक़ों के महकमों में अपने नये दोस्त और नये साथी तलाश लेता है।

हर शख़्स अपनी तरह से जीने की तलब रखता है और उस तलब के लिये वो ऐसे अड्डे खोजता है जहाँ उसे अपने जैसे और चेहरे मिलें।

हसीना ख़ाला बस्ती के बाहर सड़क पर ख़ाली हाथ खड़ी हैं। तेज़ बारिश होने की वजह से सड़क पर पानी भर गया है। बच्चे उसमें तैर–तैर कर खेल रहे हैं। हसीना ख़ाला बारिश से अपने को नहीं बचा रहीं। उनका गुलाबी जॉरजट का सूट बदन से चिपक गया है। जिस्म से पानी गिरता हुआ नीचे सड़क पर मिल रहा है। उनके होठों पर हल्की–हल्की मुस्कान है। उन्होंने अपने दोनों हाथों की उँगलियों को अपनी आँखों पर आराम से मला, पलकों पर जमा हुआ पानी साफ़ हो गया। पेड़–पत्ते, सड़क, गाड़ियाँ अपने गहरे रंग में नज़र आने लगे। हल्की–हल्की हवा उनके सूट को हिला रही थी। अब लोगों की आवाजाही शुरू हो गई थी, पर बूंदाबांदी अब भी हो रही थी। हसीना ख़ाला ने बड़ी अदा से अपना दामन झटका और पैर जमा–जमा कर रखती हुई पानी भरी सड़क पर चल दीं।

वो धान–पान सी लड़की

उनका कमरा चौकोर और पक्का है। एकदम खुला–खुला सा। उनके घर में एक बहुत पुराना फ्रिज है, वोल्टास का, जिसे देखकर क़ायनात के होठों पर मुस्कान आ गई। आज से छह साल पहले ये फ्रिज क़ायनात के घर ही आया था। घर में सभी में बहुत उत्सुकता थी फ्रिज लेने की, पर नया लेने के लिए पैसे नहीं थे, इसलिए सेकेंड हैंड लेने का विचार हुआ। पैसे धीरे–धीरे किस्तों में देने की बात हुई और फ्रिज घर में आ गया। शाम में फ्रिज की सफ़ाई करके उसे सामने छोटे वाले कमरे में लगा दिया गया। रात ग्यारह बजे वो मुस्कुराती हुई फ्रिज की मुबारकबाद देने आईं और ट्रे में से थोड़ी–सी बर्फ़ हाथ में लेकर क़ायनात की माँ के मुँह में डाल दी। फिर मुस्कुराती हुईं बोलीं, "अपने फ्रिज का स्वाद तो चख लो।"

क़ायनात की माँ ख़ुश होते हुए बोली, "हमारा क्या है, सब तुम्हारा ही तो है।"

सब ख़ुश थे। फ्रिज आने से पूरे मोहल्ले में एक चार्ट बन गया था कि कौन सुबह बर्फ़ लेगा और कौन शाम को। कौन कितना सामान फ्रिज में रखवा सकता है, सब तय हो चुका था। लेकिन दूसरे दिन कमरे में काम करने में दिक़्क़त आ रही थी इसलिए वो फ्रिज क़ायनात के घर से उठकर हसीना ख़ाला के घर में फ़िट हो गया।

क़ायनात की नज़र फ्रिज से हटकर बर्तनों की अलमारी पर आ चुकी थी, जिसमें काफ़ी पुराने चीनी के प्याले, स्टील के कुछ बर्तन, काँच के गिलास आदि रखे थे। ये बर्तन बड़ी बी के समय के हैं। बड़ी बी उनकी सास थीं। ये

घर वैसा ही है, जहाँ कोई कुछ बिगाड़ने वाला नहीं होता। हर चीज़ सँभली हुई और तरतीब से रखी हुई।

जब तक क़ायनात की नज़र सब से घूमकर अपने पर आती, तब तक हसीना ख़ाला कमरे में आ चुकी थीं। एक लम्बी साँस के साथ वो क़ायनात के सामने चादर पर बैठ गईं। उन्होंने कलई किए हुए तांबे के एक कटोरे में पानी निकाला।

"किसी ने मुझे बताया है कि तांबे के बर्तन में पानी पीने से कई बीमारियाँ ख़त्म होती हैं।"

"अच्छा! ये कटोरा तो बहुत प्यारा है। बहुत सुन्दर नक़्क़ाशी हुई है इस पर तो।"

क़ायनात जो चादर के छोर पर सिमटकर बैठी थी, अब उसने थोड़ा अपने को ढीला छोड़ा।

"हाँ, ये कटोरा मेरी शादी का है।"

"कितने साल हो गये आपकी शादी को?"

"लगभग चालीस साल हो रहे हैं। जब मेरी शादी हुई थी, तब मेरी अम्मी ने ताँबे के पच्चीस बर्तन दिये थे।"

"कितनी उम्र में शादी हुई थी आपकी?"

"मैं चौदह साल की थी। तुम्हारे ख़ालू मुझे पसंद करने लगे थे। मैं अपनी बहन के यहाँ बच्चा होने में आई हुई थी। बस वहीं इन्होंने मुझे देख लिया था। उस समय मैं बहुत ख़ूबसूरत थी।"

"तब तो आप पतली भी होंगी?"

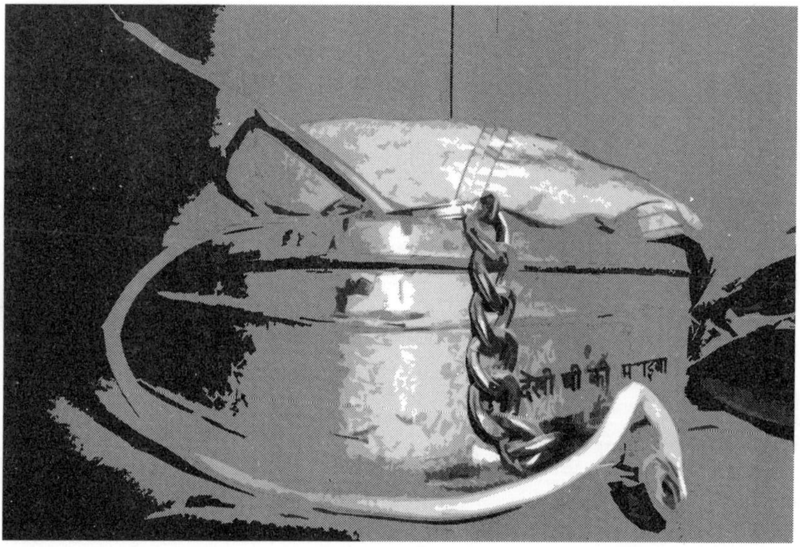

“हाँ। बहुत पतली थी। रंग भी बहुत साफ़ था मेरा। मैं तुम्हें पहले की अपनी फ़ोटो दिखाऊँगी। उसमें मैं बिल्कुल नेपालन सी लग रही हूँ, छोटी–छोटी नाक वाली।”

“फिर आपका प्यार कैसे हुआ?”

वो ज़ोर से हँसीं। थोड़ा सा शरमाईं।

“पहले का क्या प्यार। बस इन्होंने मुझे पसंद कर लिया। वैसे ये भी मुझे अच्छे लगने लगे थे। ....अच्छा ये काले थे। पक्का रंग था इनका और मैं बहुत गोरी सी। बिल्कुल जैसे समझ लो कि रात और दिन, अमावस और पूनो।”

थोड़ा सा रुक कर उन्होंने कहा।

“हमारी अम्मा तो मना कर रही थी लेकिन अब इस उम्र में तुमसे क्या छुपाना? सच कहें तो हमारा दिल भी आ गया था इन पर इसलिए हमारी शादी हो ही गई। उस ज़माने में सामान भी इतना कहाँ चलता था! पच्चीस बर्तन ताँबे के, एक मसहरी, सात जोड़े कपड़े और पाँच चादरें लेकर हम अपनी ससुराल चले आए।”

“फिर आपका लोगों से जुड़ने का सिलसिला कैसे शुरू हुआ?”

”ये सिलसिला शुरू हुआ मेरी शादी के तीन साल बाद, जब हमने लालकुआँ पर डॉली वाली क्लीनिक में बच्चों की पैदाइश का काम सीखा और तभी से बस हमारा बाहर निकलना शुरू हो गया।”

तभी दरवाज़े पर एक हल्की सी आहट हुई।

“देखना बाजी इसकी नाभ उतर गई है क्या?”

हसीना ख़ाला ने फ़ौरन अपने पैर अतीत की यादों से वापस खींचे और अपने आज के वक़्त में लौट आयीं।

काली सी वो औरत अपने सफ़ेद दुपट्टे को कंधों से सँभालते हुए दीवार के किनारे उकड़ूँ बैठ गई।

हसीना ख़ाला ने पूछा, "हलवा लाई हो?"

"नहीं बाजी।"

"फिर इसकी नाभ उठाकर क्या खिलाऊँगी इसे?"

ग्यारह साल की वो लड़की अपनी धान–पान सी देह को संभाले फर्श पर चुपचाप बैठी थी।

हसीना ख़ाला ने उस लड़की की माँ से कहा, "तुमने तो अपनी बेटी का हाल ही बिगाड़ रखा है?"

"क्या करूँ, ये मेरी नहीं सुनती। दिल करता है कि इसके गले पर खड़े होकर इसकी जान ही निकाल दूँ। एक बार ही दफ़न कर दूँ इसे। रोज़–रोज़ रो–रोकर थक गई हूँ, मैं।"

हसीना ख़ाला बोलीं, "क्या मारने के लिए ही पैदा किया था इसे?"

"चल सीधी लेट।" उन्होंने उस लड़की से कहा।

उन्होंने लड़की की कमीज़ ऊपर की, उसके पैर सीधे करवाये और उसकी नाभि में उंगलियों की गठरी सी बनाकर कुछ टटोलने लगीं। उसके पेट की खाल एकदम सिकुड़ रही थी। उन्होंने उसके दोनों तलवों में घूंसे मारे। दो–तीन बार उन्होंने ये प्रक्रिया दोहराई और फिर उसे दोनों हाथों से पकड़कर उकड़ूँ बैठा दिया।

उसके बाद उन्होंने साबुन से हाथ धोये। कमीज़ के छोर से अपने हाथों को ख़ुश्क करते हुए उन्होंने उस लड़की को चीनी खाने के लिए दी और उसकी

माँ की आँखों में आँखें डालकर कहा, "इसका ख़याल कर ले, नहीं तो लड़की से हाथ धो बैठेगी।"

"बाजी क्या–क्या करूँ? कहाँ तक करूँ?" उसने झुंझलाते हुए कहा। "चल अब खड़ी हो जा महारानी, या गोद में लेकर चलूँ?"

लड़की जैसे अपनी जुबान घर पर ही रख आई थी। वो उस लड़की का हाथ पकड़े हुए ज़ीने पर से उतर गई।

हसीना ख़ाला थोड़ी देर तक, उस लड़की के चले जाने के बाद भी, ख़ाली ज़ीने को खोई हुई आँखों से देखती रहीं फिर एक लंबी साँस भरकर जैसे उन्होंने क़ायनात से नहीं, ख़ुद अपने आप से ही कहा, "अब कम से कम दस रोज़ तक मुझे इसके घर घी का हलुआ लेकर जाना पड़ेगा।"

क़ायनात ने देखा कि वो उठकर अपने रोज़ के कामों को पहले की तरह अंजाम देने लगीं। उसने उस समय को याद किया, जब पहली बार उनके साथ उसने बाहरी दुनिया में क़दम रखा था।

क़ायनात को याद आया जब उनके साथ वह इस्लामी चर्चा में गई थी, जिसमें हर शख़्स को हर दिन के सौ रुपये मिलते थे और खाना, चाय अलग से। उस समय के सौ रुपये भी हज़ार के बराबर थे। वो चर्चा पाँच दिनों तक चली थी। एक जगह रहने के नाते क़ायनात उनके नाम से वाकिफ़ ज़रूर थी, पर उनकी ज़िंदगी का कभी हिस्सा नहीं बनी। हालांकि क़ायनात की ज़िंदगी की कुछ–कुछ तस्वीरों में वो उसके पास खड़ी दिखती हैं, पर उस समय क़ायनात बहुत छोटी थी और उनके खड़े होने में या और किसी के खड़े होने में, उसे कोई अंतर नहीं लगता था। पर सच ये था कि उन्होंने क़ायनात को अपनी ज़िंदगी का हिस्सा मान रखा था। तभी तो उसके आने की आहट उन्हें चौंकाती नहीं, बल्कि क़ायनात को ये लगता है कि वो उसी के इंतज़ार में बैठी हैं।

पल, जो कहीं अटक गये

दिन चढ़ने लगा था। उनका छोटा सा घर रोशनी से भर गया था।

वो बाहर निकलने के लिए तैयार होने को खड़ी हुईं, पर दिमाग घूम रहा था। ऐसा क्या पकाया जाए, जो झटपट बन जाए? 'वो' भी तो खाना खाने आएँगे दोपहर में। ये सोचते–सोचते वो किचन की तरफ़ बढ़ गईं।

कटोरदान में रात की चार रोटी रखी थीं। उन्होंने रोटी बाहर निकाली और कुछ सोचते हुए उनके छोटे–छोटे टुकड़े कर दिए। ये कल के खाने के लिए शाही टुकड़े बनाने का इन्तज़ाम था। फिर उन्होंने थोड़ी दाल और चावल दोनों को मिलाकर कुकर में खिचड़ी पकाने को चढ़ा दी। जब तक कुकर में सीटी लगती, उन्होंने अपने रोज़मर्रा के कामों को अंजाम दिया। तक़रीबन दो घंटे बाद वो तैयार थीं, चलने के लिए।

कपड़े के बड़े से थैले में अपना मोबाइल और पर्स डालकर उन्होंने हाथों में ले लिया। पंखा बंद करके घर में ताला लगाया और सूट को ठीक करते हुए नीचे गली में उतर आईं।

लोगों के दोपहर के खाने की तैयारी चल रही थी। घरों से अलग–अलग खाने की ख़ुशबू गलियों को जैसे तरोताज़ा कर रही थी। बच्चों के शरारती खेल शुरू थे। दरवाज़े के आगे बैठी कई औरतें मोती पिरोने के काम में लगी थीं। गली में चलते हुए उन्हें जो भी जाना–पहचाना चेहरा मिलता, उसे सलाम करती हुई, वो आगे बढ़ जातीं।

आगे क़दम रखते हुए वो लोहे के एक दरवाज़े के पास जा पहुँची, जिसकी अलगनी पर मैला सा 'आरकंडी' का पर्दा डला हुआ था। ये घर गली के एकदम कोने पर था, जहाँ से रास्ता ख़तम और शुरू दोनों होता हुआ लगता है।

वो अपने एक हाथ से पर्दे को हटाती हुईं अंदर कमरे में चली गईं। कमरे में अंधेरा था और कोई ऐसा ज़रिया भी नहीं था कि बाहर से ही छनकर थोड़ी धूप या हवा अंदर दस्तक दे सके। उन्होंने अंदर किसी को सलाम किया और तबीयत के बारे में पूछने लगीं।

कमरे से किसी के धीरे–धीरे कराहने की आवाज़ें आ रहीं थीं। सामने ही एक ढीला–ढाला सा खटोला बिछा था, जिस पर एक बुज़ुर्ग सी औरत धंसी सी बैठी थीं। खटोला बहुत पुराना था, बिल्कुल उनकी उम्र की तरह। जितनी सिलवटें उनके कपड़ों पर थीं, उससे कहीं ज़्यादा उनके हाथों और चेहरे पर थीं। हसीना ख़ाला उनसे कुछ बात करने लगीं, जो दरवाज़े तक सुनाई नहीं पड़ रही थी।

नीचे ज़मीन पर बैठते हुए उन्होंने फ़र्श पर लेटी लड़की के शरीर को हाथ से टटोलते हुए कहा, "इसकी हालत ठीक नहीं लग रही।" फ़र्श ठंडा था – बिल्कुल उस नीचे लेटी आकृति की ही तरह।

खटोले पर बैठी बुज़ुर्ग औरत परेशान होते हुए बोली, "कब से कह रही हूँ इससे कि अस्पताल चल।"

"नहीं, अम्मा हम नहीं जायेंगे।" एक बेजान आवाज़ सूखे गले से टूटती हुई सी निकली। उस लड़की की आँखें छत की ओर घूम रही थीं। आँखों के किनारों में पानी था, जिस्म भी काँप रहा था।

हसीना ख़ाला ने उस लड़की को सीधा लेटने को कहा। कंगूरे वाली मेहंदी के पैर फैलकर दरवाज़े तक आ गए थे।

कुछ मिनटों बाद बाहर निकलते हुए हसीना ख़ाला ने बहुत चिंता से सख़्त आवाज़ में कहा – "ज़िंदगी प्यारी है तो अभी अस्पताल ले जाओ।"

उनकी चाल में ग़ज़ब की फुर्ती आ गई थी। वो बच्चों को साइड करते हुए आगे बढ़ीं और रामदास की दुकान से पहले केमिस्ट की दुकान के चौराहे पर रुक गईं। ये चार रास्तों को एक साथ एक छोटी गोल जगह पर आकर रोकता है। चीज़ वाले, सब्ज़ी वाले, पेपर वाले, कबाड़ी– हर कोई आकर यहाँ ज़रूर ठहरता है। कभी सुस्ताने को, तो कभी अपनी चीज़ों को जंचाने के लिए। यहाँ कई ऐसे घरों के ज़ीने हैं, जो ऊपर की तरफ़ आते हैं, और अपनी सीढ़ियों पर बैठने से किसी को मना भी नहीं करते।

"अरे ये क्या देख रही हूँ मैं! क्या काम बदल लिया तुमने?"

तीस साल की एक महिला बालों में मेहंदी लगाये हाथों में एक बड़ा सा तराजू थामे, लोहा–लंगड़, टाट के फट्टे के बोरे में तौल–तौलकर डाल रही थी। हाथ रोककर वो उनसे बोली, "अब क्या करें? पेट के लिए कुछ न कुछ तो करना पड़ेगा ही न भैया।"

वो औरत हसीना ख़ाला की ओर इशारा करते हुए बोली, "चलो घर चलो तुमसे बात करनी है।"

"नहीं, अभी नहीं। बाद में आऊँगी। अभी ज़रा काम है।" वो आगे को खिसकते हुए बोलीं।

"तुम्हारा अभी, कभी नहीं होता।" वह औरत थोड़ा झल्ला गई थी।

"आऊँगी–आऊँगी.....।" ये कहते हुए हसीना ख़ाला अगली गली में मुड़ गईं।

अंधेरी गलियों में वो एकदम संभल–संभलकर पैर आगे बढ़ाती हैं। नीचे बहुत

ग़ौर से देखती हुईं– कहीं कोई नाली या बड़ा पत्थर तो रास्ते में नहीं रखा? कुछ गलियाँ तो ऐसी हैं कि जहाँ यक़ीन भी नहीं होता कि कोई घर भी हो सकता है।

फिरोज़ी पेंट हुए एक मज़बूत दरवाज़े के सामने उनके क़दम रुक गए। गली में रोशनी न के बराबर थी, फिर भी दरवाज़े का रंग चमक रहा था। उन्होंने हाथ से थाप दी।

अंदर से एक बारीक सी आवाज़ आई, "कौन है?"

उन्होंने आँख मारते हुए कहा, "कोई जाननेवाले ही हैं।"

दोबारा वही बारीक आवाज़, "नाम बताइए, कौन हैं?"

अबकी बार वो शरारत से मुस्कुराते हुए बोलीं, "कोई जाननेवाले ही हैं, दुश्मन नहीं।"

अब दरवाज़ा खुल गया। घर ट्यूब लाइट की रोशनी में चमक रहा था। सामने दीवार में बर्तन रखने की अलमारी थी, जिसमें काँच के बर्तन करीने से सजे हुए थे। उसी के ठीक आगे एक चौबीस–पच्चीस साल की लड़की खड़ी थी। सिल्क का सूट उसके गीले बदन पर चिपक रहा था। देह भरी हुई, रंग सांवला, बाल लंबे, जो अभी–अभी शैम्पू से धोये गए थे, शायद। नाक में गोल सोने की बाली पड़ी हुई थी।

"अस्सलाम अलयकुम"!

एक फूल सी मुस्कान जैसे उसके होठों पर फैल गई और साथ में शिकायत भी।

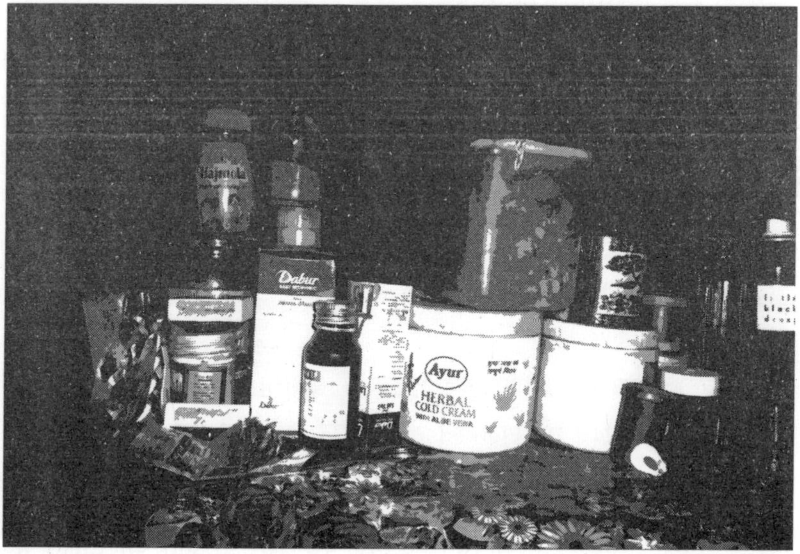
Dabur
Ayur
HERBAL
COLD CREAM

"बड़ी जल्दी याद आ गई हमारी?"

वो हँसते हुए बोलीं, "देर आई दुरुस्त आई, पर आ तो गई"! अपने पैर को उन्होंने अंदर घर में शामिल किया।

पीछे से एक आवाज़ आई, "कौन है?"

वो लड़की पीछे पलटते हुए बोली, "अम्मी फुप्पो आई हैं।"

"बड़ी जल्दी आ गई हसीना?" उस लड़की की अम्मी के लहजे में शिकायत थी प्यार भरी। वो नीचे बिछे गद्दे पर बैठीं बिछौनी को किनारे से सिलने में लगी थीं। जिस्म एकदम पतला। बस पेट थोड़ा आगे को निकला हुआ था।

"अरे अब आ तो गई ना!" हसीना ख़ाला बैठते हुए बोलीं। "अच्छा, अब ये बताओ कि ये हैदर कौन है?"

"हैदर हैं, पर हुआ क्या?" अम्मी का हाथ बिछौनी को सिलते–सिलते रुक गया।

"बताओ तो कौन है हैदर?" वो मिन्नत के लहजे में पूछ रही थीं।

"पहले बैठ तो जाओ तसल्ली से।" उन्होंने बड़े प्यार से बात को टालते हुए कहा।

ऊपर लकड़ी के ज़ीने पर से एक जवान लड़की अपने खुले बालों में नीचे आई। वो कमरा बहुत छोटा सा था। गली में होने की वजह से उसका दरवाज़ा ज़्यादातर बंद ही रहता। अंदर ही कमरे में से छत की दो सिल्लियाँ हटाकर ऊपर के कमरे में जाने–आने का रास्ता बना दिया गया था। बहुत छोटी जगह को रहने लायक़ इस तरह बनाया गया था कि यहाँ बैठकर इसके छोटे होने

का अहसास ही नहीं होता।

"अस्सलाम अलयकुम"!

"वा अलयकुम अस्सलाम''।

"इस लड़की का बच्चा तो मैंने ही किया था न! है न बाजी?" उन्होंने उस लड़की को ध्यान से देखा और देखते हुए कहा।

"हाँ तुमने ही तो किया था। ये रही वो तुम्हारे हाथ की बिटिया।"

अपने बराबर से उन्होंने सोती हुई बच्ची को उठाकर उनकी गोद में डालते हुए कहा, "माशाअल्लाह ये तो बहुत प्यारी हो गई।" एक गोल–मटोल सी बच्ची अब हसीना ख़ाला की गोद में आँखें मल रही थी।

गुड़िया की तरफ़ देखते हुए वो बोलीं, "अरी बेटा चाय न बनइयो। हमें निकलना है अभी।"

"फुप्पो, ज़रा दम भी लोगी या आते ही चल दोगी?" वो लड़की बड़े अपनेपन से बोल रही थी।

"अरी बेटा मैं काम से आई हूँ।" इतना कहकर उन्होंने अपना सवाल फिर दोहराया, "ये हैदर कौन हैं बाजी?"

"हैदर गुड़िया के मियाँ हैं। तुम्हारे से किसी ने कुछ कहा है क्या?" गुड़िया की अम्मी थोड़ी शक से बोलीं। वो अपनी बात को आराम–आराम से रख रही थीं।

"हाँ, कई दिन पहले तनवीर मिले थे। मुझसे बोले, 'ख़ाला, तुम्हारी तरफ़ वो अप्पो रहती हैं न! उनकी बेटी गुड़िया हमारे छोटे भाई से ब्याही हुई है। पर

वो दुल्हन को भेजने को राज़ी ही नहीं हैं।' अच्छा, मेरे दिमाग़ में तो आया कहीं यही गुड़िया तो नहीं, पर मेरे दिमाग़ में साफ़ नहीं था।"

गुड़िया की अम्मी, उन्हें समझाने के लहजे से बोलीं, "अब तुम ही बताओ, जब वो आदमी बच्ची को एक रुपया देने को राज़ी नहीं है, अपनी बेटी को नहीं समझता तो हम कैसे भेज दें इसे?"

उनकी आवाज़ में तेज़ी थी। छोटे से कमरे में गर्मी बढ़ने लगी थी। अम्मी के साथ गुड़िया भी आपबीती दोहरा रही थी। माहौल थोड़ा संजीदा हो गया। किसी को समझ नहीं आ रहा था कि क्या किया जाये? गुड़िया के बताने में इतनी मार्मिकता थी, कि कुछ देर के लिये सभी सुन्न हो गए।

हसीना ख़ाला गुड़िया की कमर सहलाते हुए बोलीं, "अब ये बताओ! क्या सारी ज़िंदगी घर में बैठाकर रखना है बच्ची को?" माहौल में थोड़ी शांति आई और चाय की ट्रे बीच में घूम गई। गुड़िया की अम्मी चाय की प्याली सबके हाथ में देती हुई बोलीं, "बेटी बुरी नहीं... बेटी का नसीब बुरा है। कौन चाहेगा बेटी को घर में रखना। राजा–महाराजा नहीं रख पाये तो हम कहाँ से रख लेंगे?"

"तो बताओ अब करना क्या है?''

"बाजी हम तो अपनी बेटी को ऐसे भेजेंगे नहीं।"

गंभीरता से दिया हुआ दो–टूक जवाब माहौल को गंभीर बना गया। हसीना ख़ाला चाय के घूंट भर रही थीं। छह महीने की बच्ची पर नज़र टिकाकर जैसे हटाना ही भूल गई थीं। गुड़िया एक हाथ से लौंग को घुमा रही थी और दूसरे हाथ से नमकीन की प्लेट इधर से उधर कर रही थी। गुड़िया की अम्मी को कोई जल्दी नहीं थी चाय ख़त्म करने की। उनकी नज़र इधर–उधर घूमकर गुड़िया पर ही टिक जाती।

गुड़िया की बेटी अपनी बिछौनी पर लेटे हुए नन्ही–नन्ही दो एड़ियां मार–मारकर खेल रही थी। बीच–बीच में वो ऐसी शरारती आवाज़ें निकालती कि सब उसकी तरफ़ देखने लगते। बच्ची की मुस्कान सबको अपनी तरफ़ लुभा रही थी। उसकी भोली अदाएँ माहौल को हल्का कर गईं।

"क्या हुआ फुप्पो? इतना भी क्या सोचना? पहले चाय पीजिए आराम से।" बराबर में बैठी भाभी ने कहा।

"अरी बेटा, ये शादी–ब्याह के फ़ैसले गुड्डे–गुड़ियों का खेल नहीं होते। एक बार रिश्ता जुड़ जाए तो मरने पर ही टूटता है। पर आज के बच्चों ने तो इसे खेल समझा हुआ है।"

"फुप्पो, अब तुम ही बताओ क्या करें?"

हसीना ख़ाला बोलीं, "वहाँ के चार बुज़ुर्गों को बुलाओ और उनके साथ यहाँ के बुज़ुर्ग लोगों को भी बिठाओ। तब बात रखो अपनी और साथ में उनकी भी सुनो। लेकिन सबसे पहले गुड़िया से पूछो कि वो क्या चाहती है? रहना उसे है, हमें–तुम्हें नहीं।"

ये कहते हुए वो चलने के लिये उठ खड़ी हुईं।

"फिर कब आओगी?"

"जब बुलाओगी, तभी चली आऊँगी।" ख़ुदा हाफ़िज़ कहते हुए वो बाहर उस गली में आ गयीं जो उन्हें दूसरी ज़िंदगियों की ओर ले जाती थी।

सड़क पर अंधेरा था लेकिन दूर जलता एक स्ट्रीट लैम्प काफ़ी हद तक अंधेरे को काट रहा था। उसी के नीचे बड़े से पत्थर पर बैठी हसीना ख़ाला किताब के पन्ने उलट–पुलट रही थीं। इस वक़्त में लोग जैसे बिस्तर पर पड़े सोने की तैयारी में थे पर हसीना ख़ाला की आँखों में नींद नहीं थी। रोशनी बहुत तेज़ी से उन पर गिर रही थी और सड़कें शांत होने लगी थीं। तभी किताब से कुछ नीचे गिरा। उन्होंने नीचे झुकते हुए उसे उठाया। यह एक ख़त था, काफ़ी पुराना, उर्दू में लिखा हुआ। वो ख़त को अपनी आँखों के एकदम क़रीब ले आईं। कुछ देर उनकी नज़रें उसमें कुछ तलाशती रहीं, फिर उन्होंने उसे किताब में ही रख दिया। कमर को सीधा करते हुए उन्होंने बस्ती की तरफ़ देखा। चाय की एक रेहड़ी अब भी वहाँ लगी हुई थी। दो–तीन लोग उसके इर्द–गिर्द खड़े चाय की चुस्कियाँ ले रहे थे। कभी–कभी वो बस्ती को यूं ही निहारती हैं, जैसे वो पहली बार उससे मुख़ातिब हो रही हों।

भीड़ के बीच

हर बार मुलाक़ातों के झरोखे सफ़र में खुलते हैं, जिनमें कहीं तो हसीना ख़ाला अपनी हाज़िरी भरती हैं और कहीं बाद में आने का वादा छोड़, आगे निकल जाती हैं।

क्या कहें इस मिलने को, जो किसी छोर पर आकर ख़त्म ही नहीं होता? क्या नाम दें घूमने की इस चाहत को, जो लोगों तक उन्हें खींच लाती है? लेकिन ये खिंचाव किसी ज़रूरत के तहत नहीं है। इन रिश्तों की डोर कहाँ है? एक से एक डोर कैसे जुड़ती है? ये वो नहीं जानतीं, पर वो इन रिश्तों में ग़ोते लगाती हुई आगे बढ़ती रहती हैं। उनके साथ सफ़र के सिलसिले कभी ख़त्म नहीं होते।

यहाँ अंदर आने के कई रास्ते हैं, जो बाहर घने बाज़ार में जा मिलते हैं। ये बाज़ारों का अथाह सागर है। इसकी गहराई में हमक़दम बने हुए अनजान हमसफ़र आगे बढ़ते रहते हैं। बाहरी दुकानों में जो देखने को मिलता है, वो यहाँ अंदर धँसती दुकानों में नहीं है। गली संकरी होने से यहाँ ज़्यादातर बाइक, स्कूटर और छोटे बच्चों की साइकिल चलती ज़रूर दिख जाती है। यहाँ कभी तो गली एकदम ख़ाली और ख़ामोश दिखती है और कभी एक के पीछे एक लोगों की क़तारें ऐसी लगती हैं कि जैसे हर शख़्स एक–दूसरे से जुड़ा हो, रेलगाड़ी के डिब्बों की तरह।

रास्ते लम्बे होते हैं, पर चलने वालों के लिए नहीं। अपने जैसी परछाइयों से जुड़ने की प्यास मीलों की दूरी को भी बस क़दम भर का बनाती है। एक बार जब क़दमों को राहों का ज़ायका मिल जाए तो फिर वो ख़ुद–ब–ख़ुद रास्ते की हर थकान और मुश्किल को कतरते हुए आगे बढ़ जाते हैं।

हसीना ख़ाला आगे गली से मुड़ीं और एक पतले ज़ीने पर धीरे–धीरे चढ़ गईं। यहाँ घर में दरवाज़े की जगह शटर ने ले रखी थी और शटर का पुराना पेंट पपड़ियों की परत में झड़ रहा था। वो धीरे से कमरे में जाती हुई नीचे चटाई पर ही बैठ गईं और अपने दुपट्टे के कोने से चेहरे पर आए पसीने को पोंछने लगीं। धूप की तेज़ किरणों और रास्तों की तपिश ने उनके चेहरे को तमतमा दिया था और यहाँ भी गर्मी की तपिश में तीसरी मंज़िल पर बनी टीनों की छत आग उगल रही थी। इसके बावजूद, इस जगह राहत थी। पसीने भरे जिस्म से जब गर्म हवा छूकर निकलती तो ठंडक का मीठा अहसास करा जाती। उसी कमरे में बैठी एक लड़की उनकी मौजूदगी से बेख़बर कपड़ों को छाँटने में लगी हुई थी। अब उनकी उथल–पुथल होती साँसों ने उस लड़की का ध्यान अपनी तरफ़ खींचा।

लड़की एकदम से पलटी और सीधा उनके पास ही चली आई।

“कैसी है?” उन्होंने उस लड़की से अपनी साँसों को काबू में लाते हुए पूछा।

“हाँ, सब ठीक है।”

उसकी आवाज़ में उदासी थी। उन्नीस–बीस साल की वो लड़की सुराही से पानी को कटोरे में निकालने लगी।

“सब ठीक हो जाएगा।”

वो लड़की उनको पानी देते हुए बोली, “आज अगर अम्मी होती तो....” उसका जुमला बीच में ही छूट गया, जैसे किसी उदास झील में चुपचाप डूब गया हो।

उन्होंने उस लड़की के चेहरे को देखा फिर एक लंबी साँस भरकर कहा, “अम्मी नहीं है तो क्या हुआ? इधर देखो, तुम्हारी ख़ाला तो अभी सलामत है।”

लड़की को अपने गले से लगाए हुए वो उसकी पीठ सहलाती रहीं। साँवली सी वो लड़की ख़ामोशी की ओढ़नी संभाले जैसे अपने में ही सिमटना चाहती थी। पूरा घर हवा की आवाजाही का केंद्र बना हुआ था। तेज़ चलती लू घर के हर परदे और दीवार पर टँगी खूँटी में लटकते कपड़ों को हिला रही थी। लग रहा था जैसे ये घर शहर से दूर किसी ऐसी शांत जगह में है, जहाँ सिर्फ़ कुदरती आवाज़ें ही अपना पहरा देती हों, सिवाय अचानक अज़ान की उस आवाज़ के, जिसकी गूँज पर ख़ुद–ब–ख़ुद उनके हाथ दुपट्टे को सिर तक खींच लाए थे। ऐसा जान बूझकर किया नहीं जा रहा था, बस हो रहा था।

क़ायनात के साथ बतियाते हुए वो घर से निकलकर बाज़ार की तरफ़ बढ़ते हुए बोलीं "इसकी अम्मी ने इंतक़ाल के समय मुझसे कहा था, 'अब तुम ही हो हसीना, जिस पर आख़िरी साँस के वक़्त भरोसा है! मेरी इस मासूम बेटी को किसी किनारे लगाना।' ये बात बोलकर वो ख़ुद तो चली गयी पर किसी को किनारे लगाना क्या इतना आसान होता है?"

बाज़ार की भीड़ के बीच रुक कर उन्होंने अपने हाथों में थामे सारे सामान को एक बार फिर देखा। एक सुरमेदानी, नमाज़ पढ़ने का दुपट्टा और मस्जिद के लिए पांच लोटे। उनकी आँखों में मुस्कान की ख़ुशबू तैर गई। अब उनके क़दम फिर चल पड़े।

एक दर खुला हुआ

पंखा रुका पड़ा था।

दो लड़के अपनी पैंट और हाथों को झाड़ते हुए ज़ीने से नीचे उतर गए।

हसीना ख़ाला बड़े से लोहे के ट्रंक को कपड़े से पोंछ रही थीं। ट्रंक के ऊपरी भाग पर मिट्टी की मोटी पपड़ी जमी थी। उन्होंने पहले ट्रंक को सूखे कपड़े से पोंछा, फिर कपड़ा गीला करके उसे एकदम साफ़ कर दिया। ताला जाम हो रहा था। वो बार–बार चाबी उसमें घुमातीं, पर चाबी अंदर जाकर कहीं अटक जाती। इस बार चाबी ज़ोर लगाने पर घूम ही गई। ताले को बराबर में रखते हुए उन्होंने ट्रंक का ढक्कन खोला।

एक चड़चड़ाती आवाज़ कमरे में गूँज गई।

ट्रंक के सबसे ऊपर, एक सफ़ेद सूती कपड़ा कई तह लगाकर फैलाया हुआ था – सामान को चारों तरफ़ से ढकने के वास्ते। कपड़े पर थोड़ी धूल पड़ी थी। उन्होंने उसे ध्यान से उठाया और फ़्रिज के बराबर में डाल दिया, जहाँ वो अपने धुलने वाले कपड़े जमा करती हैं।

वो अब ट्रंक के अंदर झुक गईं। फिर एक–एक कर तांबे के बर्तन बाहर निकालने लगीं।

उन्हें झुके–झुके काफ़ी देर हो गई थी। अबकी बार वो कमर पर दोनों हाथ रखकर सीधी खड़ी हो गईं। तांबे की गौरियाँ, पतीला, ट्रे, गिलास, कटोरी, पान की पिटारी – सब बर्तन निकालकर उन्होंने चादर से परे रख दिये।

अब वो दोबारा ट्रंक में झुकीं। कच्चे मर्दाना–ज़नाना सूट, मन ही मन कुछ हिसाब–किताब करते हुए उन्होंने एक–एक करके निकाले। बेडशीट, जानमाज़, शैहनील का अबरा (लिहाफ़ का कवर जो ज़्यादातर शादी–ब्याह में लड़की को दिया जाता है) उन्होंने बाहर निकालकर ज़ीने की तरफ़ ले जाकर ख़ूब अच्छे से झाड़ा। चुटकियों से छोटे–छोटे धागों को हटाते हुए अच्छे से तह लगाई। इसके बाद उन्होंने एक चादर खोलकर बिछाई, फिर सारे कपड़े, बर्तन, अबरा आदि ठीक से रखते हुए, उसके चार पल्लुओं को पकड़कर, उसमें एक मोटी–सी गाँठ लगा दी। अब बन गया बर्तनों का एक गट्ठर।

कमर पर हाथ रखकर थोड़ा सुस्ताते हुए उन्होंने मचान की ओर देखा। अपने पंजों के बल खड़े होकर उन्होंने एक बड़े से बोरे को घसीटकर नीचे उतारा और अच्छे से उसे देखा कि कहीं से फटा तो नहीं है। उसके बाद पूरे जतन से उन्होंने उसका मुँह खोला और उसमें बड़ी सी गठरी रखते हुए बोरे का मुँह सुतली से कसकर बाँध दिया। उसके बाद दोनों हाथों से बोरे को आहिस्ता–आहिस्ता खिसकाते हुए उसे एक किनारे किया और फिर लग गईं झाड़ू उठाकर पूरे घर को बुहारने।

पसीने की बूंदें उनके माथे पर चमक रहीं थीं, पर उनके हाथ पूरे घर का हुलिया सुधारने में लगे थे। तभी किसी ने ज़ीने से पुकारा, "ताई"।

उन्होंने अपनी गर्दन को ज़ीने की ओर झुका कर नीचे देखा तो वहाँ एक लड़की थाली लिए खड़ी थी। थाली एक कपड़े से ढकी थी। उस लड़की के तीखे नैन हसीना ख़ाला को ही निहार रहे थे। माथे पर छोटी–सी नगों की बिंदी उसके चेहरे पर ख़ूब खिल रही थी।

हसीना ख़ाला मुस्कुराईं।

"ऊपर आ जा।"

वो लड़की अपनी साड़ी सँभालते हुए बोली, "ज़ीने पर मुझसे चढ़ा नहीं जाएगा। तुम्हीं नीचे आओ।"

हसीना ख़ाला शरारत से अपने नैन चलाते हुए बोलीं, "अच्छा! अगर आना ही है तो ऊपर मेरे घर में आओ, नीचे मैं नहीं आने वाली।"

वो लड़की हँसी और अपनी साड़ी को ठीक से पकड़ते हुए धीरे–धीरे ज़ीने से ऊपर चढ़ आई।

"लो जी हम तो आ गए। अब बताओ क्या खिलाओगी हमें?"

हसीना ख़ाला फ़र्श पर बैठते हुए बोलीं, "जो मैं खाऊँगी रूखा–सूखा, वो तुम भी खा लेना। दुनिया की नेमतें तो मेरे पास नहीं।"

"जो भी है तुम्हारे पास किसी से कम नहीं है।" ये कहते हुए वो लड़की मुस्कुरा दी।

हसीना ख़ाला ने उस लड़की से पूछा, "और यहाँ कैसे आज? शादी के बाद से तो तुम हमारा घर ही भूल गई थीं।"

"ताई घर कहाँ भूली? बस अब ये है कि कुछ न कुछ काम निकला ही रहता है। आज सुबह ही आई हूँ घर, तो अम्मा कन्या जिमाने में लगी थीं। मैंने सोचा चलो प्रसाद तो मैं ही बाँट दूँ। अब लाओ अपनी थाली दो मुझे, और भी घर जाना है। नहीं तो अम्मा की बड़बड़ चालू हो जाएगी कि काम न धाम, बस इधर–उधर बतियाते घूम रही है।"

हसीना ख़ाला अपने दोनों हाथों को दिखाते हुए बोलीं, "भैया, मेरा तो बुरा हाल है, सुबह से सफ़ाई कर करके...। ख़ुद उठो और प्रसाद बर्तन में डाल दो।"

वो लड़की बड़े बोरे को देखकर अपनी भवें उचकाते हुए बोली, "क्या घर छोड़ने का इरादा है?"

हसीना ख़ाला ने बड़ी ठनक से कहा, "घर छोड़ना होता तो चालीस साल पहले आती ही क्यों?"

वो लड़की उठी और एक प्लेट में पूरी–हलवा रखते हुए बोली, "बहुत है ना?"

हसीना ख़ाला ने कहा, "तबर्रुक़ तो खुशी से जो जितना दे, उतना ही बहुत होता है।"

लड़की पैरों में चप्पलें डालते हुए बोली, "फिर किसी दिन आऊँगी। बहुत लम्बी बात करनी है तुमसे।"

हसीना ख़ाला खड़ी हो गईं, "जाते हुए को रोकती नहीं, आते हुए को टोकती नहीं। जब मन हो चली आना। तुम्हारा ही घर है।"

वो लड़की जिस अदा से ऊपर आई थी, उसी अदा से धीरे–धीरे नीचे उतर गई।

हसीना ख़ाला उसे ज़ीने पर से जाते देखती रहीं, फिर अंदर आकर प्रसाद यानी 'तबर्रुक़' की प्लेट को एक दूसरी प्लेट से ढक कर लग गईं घर को शीशे की तरह चमकाने।

तेरी–मेरी राहों से परे

हर रोज़, पिछले न जाने कितने सालों से, अपने एक–एक क़दम रखती हुई वो ज़िंदगी की जिन गलियों–रास्तों के सफ़र पर निकलती रही हैं, वो सफ़र हर किसी की ज़िंदगी का हिस्सा नहीं है।

इन पगडंडियों पर वही लोग सफ़र कर पाते हैं जो अपने निजी होने के संकरे दायरों से बाहर निकल आते हैं। जिन्हें अपने पाँवों के छालों से ज़्यादा फ़िक्र दूसरों की ज़िंदगियों की खरोंचों और तकलीफ़ों की होती है।

यहाँ घरों के दरवाज़े बंद हैं, पर उनकी मंज़िल सामने है – एक जर्जर होता ज़ीना। इसका मत्था गोल गुम्बद आकार का बना है, जो पुरानी इमारतों और क़िलों का एहसास कराता है।

हसीना ख़ाला ज़रा मोटी ज़रूर हैं, पर उनके हाथ–पैर छोटे–छोटे और बड़े ही नाज़ुक हैं।

वो चौकोर छत के एक आँगन में खड़ी हैं। साबुन का गाढ़ा पानी उनके पैरों के नीचे बह रहा है। वो आहिस्ता से क़दम बढ़ाकर नीले दरवाज़े के अंदर दाख़िल हो गईं। अंदर घुसते ही वो बोलीं, "अरी बहन हिना, कौन से जहान में बसी बैठी हो? चलते–चलते हड्डियाँ बोल गईं मेरी तो।"

पच्चीस साल की गोरी, पतली सी वो लड़की उठकर उनके गले से लग गई। वो पलंग पर न बैठते हुए नीचे चटाई पर ही बैठ गईं। हिना उनके हाथ में चाय का प्याला देकर उनके क़रीब बैठ गई और दोनों के बीच धीमी–धीमी

बातें होने लगीं। इतनी धीमी आवाज़ में बातें, जिन्हें वही दो लोग सुन और समझ सकते हैं, जिनके बीच रिश्तों की कोई गहरी अनदेखी नदी बहती है।

कमरा काफ़ी बड़ा था। नील डालकर कमरे में सफ़ेदी की गई थी। कमरे में कई जवान लड़कियाँ और कई छोटे बच्चे इधर–उधर मंडरा रहे थे। छत पर ढब–ढब की आवाज़ें हो रहीं थीं।

शाम का समय था, तो लोग शायद छत पर ही चढ़े हुए थे। छोटी सी खिड़की से पतंगों की लहराती डोरें झाँक रही थीं। एक–दूसरे को काटती हुईं, एक–दूसरे से सटकर आगे निकलती हुईं। कुछ गिरती हुई तो कुछ उलझती हुई।

उनसे नज़र छिटकती है तो दोबारा छत पर आ सकती है। छत लकड़ी की मोटी कड़ियों और मसाले की चादरों से मिलकर बनी थी। उसमें जगह–जगह पीले धब्बे भी नज़र आ रहे थे। ये बरसात में पानी आने के निशान थे, जो बहुत गहरे थे। वहीं नीचे, धँसते पुराने से पलंग की पटिया पर एक शख़्स बैठे थे, जिनके चेहरे पर गाढ़ी झुर्रियाँ खिंच रही थीं। उन्होंने कुर्ता–पजामा पहना हुआ था, जिसमें कपड़े की सफ़ेदी कम और नील की चमक ज़्यादा दिख रही थी।

उनके हाथ में तस्बीह थी, जिसके दाने वो कुछ–कुछ समय के बाद घुमा रहे थे।

हिना ने दो तोते पाल रखे थे, जो दरवाज़े के पास ही कूलर पर रखे पिंजरे में सजे हुए थे। दोनों तोते जब भी अपनी खुरखुरी आवाज़ से 'हिना, हिना, हिना' बोलते तो उसके चेहरे पर मुस्कान आ जाती, तब लगता कि उसके अंदर एक ख़ूबसूरत हँसी भी छुपी हुई है। पतली सी नाक को सुड़क कर वो हसीना ख़ाला के और क़रीब हो जाती। तब धीमे स्वर दोनों के बीच उभरते और वहीं समाप्त हो जाते।

हसीना ख़ाला क़ायनात को बताते हुए बोलीं, "मैं हिना को आज से नहीं बल्कि तब से जानती हूँ, जब ये गाँधी मार्केट के पीले क्वार्टरों में रहा करती थी। तब मैं वहाँ चक्की पर गेहूँ पिसवाने आती थी। मेरा बीपी हाई रहता है इसलिए धूप में चक्कर जल्दी आते हैं। तब इसकी और इसकी छोटी बहन की शादी नहीं हुई थी। इनके बड़े भाई साहब इनके साथ ही रहा करते थे। जो अब अपनी बीवी के साथ सिलीगुड़ी में सेटल हो गए हैं। एक बार मैं गेहूँ पिसवाने के लिए खड़ी थी, बस वहीं मुझे चक्कर आ गया और मैं इसके ज़ीने पर ही बैठ गई। मैंने हिना से पानी माँगा और तभी से एक रिश्ता सा बन गया हमारे बीच।"

जब हसीना ख़ाला प्यार से हिना की तरफ़ देखते हुए ये कहतीं हैं, तो हिना की आँखें भी उनकी आँखों पर आकर ठहर जातीं हैं। ऐसा लगता है कि जैसे हसीना ख़ाला के इन शब्दों से हिना के अस्तित्व को मज़बूत सहारा मिल रहा हो। इस रिश्ते की मज़बूती का, जो उन दोनों के लिए ही अनमोल है, जिसमें हिना और हसीना ख़ाला बिना किसी ज़रूरत के एक–दूसरे से बँधी हुई हैं।

"जब हिना यहाँ हवेली में ब्याह कर आई तब भी मेरा इससे मिलना कम नहीं हुआ। पता नहीं ये क्या ललक है, जिसके पीछे–पीछे मैं यहाँ तक चली आती हूँ।"

वो दोनों ही मुस्कुराती हैं और एक–दूसरे की बात को सहमति देते हुए आगे बढ़ाती हैं।

हिना घर में ही कढ़ाई करती है। ये समय बिताने का बहाना नहीं, बल्कि घर को उसकी कढ़ाई की ज़रूरत है।

हसीना ख़ाला के चलने का समय हो गया था। हिना से दोबारा आने का वादा कर उन्होंने उठते हुए तोतों से 'ओये मिटठू' कहा और बाहर आ गईं।

ज़ीने पर से उतरते हुए तोतों की तेज आवाज़ बाहर तक आती रही – 'हसीना, हसीना, हसीना।'

चारों तरफ़ जैसे धूम सी मची थी। तुर्कमान गेट की सड़क को पूरा बंद किया हुआ था। ख़ाकी कपड़े वाले चौकबंदी किए खड़े थे। एक लम्बा हुजूम हाथों में झंडियाँ पकड़े महँगाई पर हाय–हाय करता आगे बढ़ा जा रहा था। पीठ पर लदे भारी–भारी बैग उनकी चाल को धीमा किए हुए थे। रैलियों में आए कई लोगों को देखकर पता नहीं ऐसा क्यों लगता है कि जैसे दिल्ली देखने की चाहत इन्हें यहाँ तक खींच लाई हो। सिर पर रूमाल बाँधे बच्चों का हाथ थामे, नज़रों की ख़ाक छानते वो बस चले जा रहे हैं। लगता है जैसे बिना पटरी के ट्रेन रेंग रही हो। काफ़िला आगे सरक रहा है और उसके साथ–साथ उसकी मिली–जुली आवाज़ें भी। पीछे बच रही हैं तो सिर्फ़ उनके हाथों से छूटी झंडियाँ और ख़ामोशी। वहीं इन सबके पीछे खड़ी हैं हसीना ख़ाला छूटी हुई झंडियों को बीनते हुए और देख रही हैं काफ़िले को अपने से दूर जाते हुए।

मन में कुछ गुदगुदाहट

आँचल की तरह दोपहरी सिर से सरक रही थी। अब रफ़्तार धीमी और बोल ख़ामोश थे। अंदर गलियों में लोग बाहर की छाँव में फोल्डिंग पलंग और लकड़ी की लम्बी, पतली बेंच बिछाए शाम की ढलती धूप में कुछ अलसाये से बैठे थे। अंदर की दुकानें बंद थी। ज़्यादातर गर्मियों में लोग दुकानें दोपहर में बंद कर शाम में दोबारा से खोलते हैं।

ज़ीने से ऊपर चढ़ते हुए हसीना ख़ाला तीसरी मंज़िल पर पहुँचीं और दरवाज़े से अंदर कमरे में चली गईं। साइड में दो कमरे थे, जिनके दरवाज़ों पर पर्दे डले हुए थे। सामने ही एक बहुत बड़ा सा कमरा था, जिसमें तेज़ आवाज़ करता हुआ कूलर झांय–झांय चल रहा था। इसमें पर्दा नहीं था। इसके एक कोने में रस्सी बाँधकर, उस पर दो चादरों को एक साथ जोड़कर पर्दे की तरह डाल दिया गया था। वो उस पर्दे के आधा अंदर घुस गईं। पर्दे के नीचे से किसी के दो पैर बाहर झाँक रहे थे।

ये बहुत बड़ा कमरा था पर इस कमरे की सजावट के लिए यहाँ कुछ नहीं था, सिवाय दो चीज़ों के – एक बहुत पुरानी घड़ी और दूसरा कैलेंडर, जिसकी कई तारीख़ों पर उर्दू में कुछ–कुछ लिखा हुआ था।

तभी लगभग उन्नीस–बीस साल की एक लड़की दूसरे कमरे से चिल्लाती हुई आई।

“कहाँ मर गई? मुझे भूख लगी है। खाना दो।”

Dettol

जैसे ही उसकी नज़र कमरे में पड़ी, वो चुप हो गई। उसने अपनी गर्दन दोनों तरफ़ हिलाई और बड़े प्यार से मुस्कुराते हुए होठों को ऊपर की तरफ़ चोंच बनाकर, उनमें से कुछ अलग सी आवाज़ निकालकर, झट से पर्दे के पीछे छुप गई।

ये क्या था? कुछ समझ नहीं आया पर मन में कुछ गुदगुदाहट सी फूट गई। उसमें वो अदाएँ और अंदाज़ नहीं थे, जो घर में बैठे मेहमान के लिए अलग से परोसे जाते हैं। पर ऐसा कुछ चटकपन तो था उस लड़की में कि वो सबसे अलग सी लगी।

हसीना ख़ाला और पर्दे के पार बैठी औरत के बीच बातें धीरे–धीरे चल रही थीं। छत काफ़ी ऊँची थी। उसमें लगा पंखा भी आज के ज़माने का नहीं था। बाहर नीम के पेड़ की पत्तियाँ जंगले के अंदर तक आ रही थीं। यहाँ बिजली की चीज़ों से पैदा हुई हवा कम और बाहर से आती कुदरती हवा ज़्यादा थी। उनकी कुछ–कुछ बातें कमरे में रुई के फ़ाहों की तरह तैर रहीं थीं।

“हम तो बड़े परेशान हो रहें हैं हसीना। दिन–ब–दिन इसकी हरकतें बढ़ती जा रहीं हैं। सोच–सोचकर दिमाग़ परेशान हो जाता है। हम नहीं रहे तो इसका क्या होगा?”

तभी एक औरत हाथ में स्टील की बड़ी ट्रे में चाय के चार कप और चीनी मिट्टी की एक गोल प्लेट में ‘प्रिया गोल्ड’ के बिस्कुट लेकर आई। हसीना ख़ाला की बगल में बैठते हुए वो बोली, “और भई हसीना, सुबह बोला था आने का और अब आई हो, पूरा दिन निकाल कर?”

“हाँ निकली तो जल्दी थी, पर बाज़ार में समय लग गया। कुछ बर्तन लाई हूँ देख लो।”

“किसके लिए?”

“अरे वो मैंने बताया तो था।” हसीना ख़ाला उन्हें कुछ याद दिलाते हुए बोलीं।

“अरे हाँ। अच्छा ले आईं तुम। कुछ हम भी करेंगे।” स्टील के बर्तन थैले से बाहर निकल आए।

“लो हसीना चाय लो। बाजी को भी दो।”

इसी बीच पर्दे में से फिर वही लड़की बाहर आई। उसकी चाल में भले ही कोई सलीक़ा न था, पर उसके बढ़ते क़दम उसके अपने थे, जो अपनी ही झोंक में कमरे में चले आए थे।

“मुझे नहीं देगी चाय?” उस लड़की ने बाजू में बैठी लाल बालों वाली औरत से कहा।

“तू तो हमें खा ले। पूरा घर खा जा तू। पर तेरी भूख नहीं मिटेगी।” लाल बालों वाली औरत बोली। वो लड़की अपनी अबोध गहरी आँखों से उस औरत को ऐसे अनजान भाव से देख रही थी, जैसे उसके कहे शब्द उसकी समझ से कोसों दूर हों और उन शब्दों को समझकर जैसे वो अपनी अबोधता को खोना न चाहती हो।

उसने फूलदार सूट पहन रखा था। सिर पर ब्राउन कलर का एक मफ़लर बँधा था, जिसकी नीचे लटकती डोरी भी उसके भारी जिस्म को छुपा नहीं पा रही थी। वो धप्प से कमरे में आकर बैठ गई, जैसे वो जगह उसकी ही हो और वो उसी जगह की।

लाल बालों वाली औरत ने एक प्याली चाय और दो बिस्कुट उसके हाथ में थमाते हुए कहा, “इसने तो हमें जला रखा है। पूरा दिन हो जाता है, मुझे काम में लगे–लगे। न कहीं आने की, न कहीं जाने की। अठारह सालों से इसी घर में क़ैद होकर रह गई हूँ। (ये कहने पर उनके पके मेहंदी लगे बाल और उनके चेहरे की झुर्रियाँ ज़्यादा घनी नज़र आ रही थीं। लग रहा था जैसे झुर्रियों के

PERSONI

गाढ़ेपन में सालों के बीतने की दास्तान छुपी हो।) इसे कहीं अकेला भी तो नहीं छोड़ सकती। (जब वो ये कहतीं हैं तो घर के ख़ालीपन की परतें उखड़ने लगती हैं। ये घर बहुत बड़ा है, पर जितना बड़ा घर उतने ही कम लोग। बिना रंगों के इस घर में कहीं रंग नज़र नहीं आते सिवाय उस लड़की के हाथों–पैरों में लगी मेहंदी के) इसे कहीं लेकर जाऊँ तो अपनी ही बेइज़्ज़ती है।" ये कहते–कहते उनकी आवाज़ भर्रा गई।

पलक झपकते उस लड़की के हाथ के दोनों बिस्कुट ख़त्म हो चुके थे। वो अपनी उंगलियों को बेतहाशा चाटते हुए और उस औरत को घूरते हुए फिर बोली, "और खाऊँगी बिस्कुट।" वो अपनी भूख को बताने में सफल थी और अपनी आत्मीयता में उतनी ही खरी जितना कि कोई ऐसा शख़्स, जो दुनिया के छलावों, नक़ाबों, चालों से बिल्कुल बेपरवाह, बस अपने ही मन की किसी सच्ची धुन के साथ अपना सारा जीवन बिता देता हो।

अबकी बार उसकी आवाज़ अनसुनी कर दी गई। उन्होंने फटाफट दो–दो बिस्कुट सबके हाथों में पकड़ा दिये।

"खा लो नहीं तो कुछ नहीं बचेगा।" आवाज़ में कसावट थी जैसे न चाहते हुए भी किसी से कोई चीज़ छीननी पड़ रही हो। दोबारा से वही आवाज़ "दे दे मुझे बिस्कुट।" उस लड़की की नज़रें बिस्कुट की मिठास पर टिकी थीं। अब उसकी आवाज़ खिसियानी सी हो चली थी, जैसे वो इन पलों में कुछ भी कर देने की ताक़त रखती हो। अपनी दुनिया की एक ऐसी बाशिन्दी, जो इस बंद कमरे में भी अपनी बात कहने में बिल्कुल आज़ाद हो। उसका ये दो कमरों का संसार, उसके जीने और विचरने के लिए बहुत बड़ा था।

हसीना ख़ाला से रहा नहीं गया। उन्होंने प्लेट में बचे दोनों बिस्कुट उसे दे दिए और उस औरत से बोलीं, "अब इसका क्या दोष? इसे तो ख़ुद अपना होश नहीं है।"

उस औरत ने तड़कते हुए कहा, “सब होश है इसे। बस हमारे लिए ही होश नहीं है। अपने खाने का ख़ूब होश रहता है इसे।”

उन्होंने ये कहते हुए अपना हाथ आगे किया। उस पर दाँतों के गहरे निशान थे।

“ये हाल करती है हमारा रात–दिन। सच कह रही हूँ, जब से ये आई है हमारी ज़िंदगी में, तब से चैन की साँस नहीं ली है हमने।”

अबकी बार वो लड़की चिल्लाई, “चूरा खिला।”

“अरी तू चुप नहीं होगी? सब कुछ खा जाएगी क्या? हमें खाकर छोड़ेगी तू एक दिन!“

हसीना ख़ाला ने कहा, “बुरी बात, निक़हत, ऐसा नहीं कहते। अगर वो कह रही है तो खिला दे ना।”

हसीना ख़ाला ने प्लेट में बचे चूरे को इकट्ठा किया और उसके मुँह में डाल दिया।

“अब चलती हूँ। फिर आऊँगी।” कहते हुए वो वहाँ से रुख़सत लेने के लिये खड़ी हुईं। वो लड़की अभी तक चूरे का मज़ा ले रही थी। हसीना ख़ाला ने बड़ी प्यारी मुस्कुराहट के साथ उसकी तरफ़ देखा और सिर पर हाथ फेरती हुई बाहर की तरफ़ चल दीं। वो लड़की अपने मफ़लर की डोरी को हाथ में पकड़े उसे अपनी फूंक से उड़ाते हुए उन्हें देखती रही, जब तक कि वो उस बड़े से दालान से ओझल ना हो गईं।

दिन की रोशनी एकदम ग़ायब थी। ज़ीने पर भी अंधेरा था। साइड से, दीवारों को टटोलते हुए वो आहिस्ता–आहिस्ता से नीचे उतरने लगीं। कुछ मिनटों का वही ज़ीना पाताल की सीढ़ियों जैसा बन गया था। बाहर सड़कों की गहमागहमी बरक़रार थी। एक ऐसी अनंत भीड़, जिसमें वे भी कहीं गुम होती चली गयीं।

अजनबी पहाड़ों के साये

एक शहर, एक मोहल्ले, एक छत के नीचे, एक ही हवा में साथ–साथ साँस लेते, एक ही समय में खुश और उदास होते लम्हों को गुज़ारने पर भी लोग एक–दूसरे से किस क़दर अनजान हो जाते हैं, एक–दूसरे के लिए कितने अजनबी, सोचो तो ताज्जुब होता है।

लेकिन इसके बावजूद कई बार साथ गुज़ारा समय दो अलग–अलग शख़्सियतों को क़रीब ले आता है। पर... कोई कब तक उस ठहराव में बना रहेगा–ये जानना मुमकिन नहीं होता।

हर चाहत, हर चीज़, हर ज़रूरत की एक निश्चित उम्र होती है। उस उम्र के बीत जाने पर शायद चाहत को खुलने का मौक़ा मिलता है।

सईद जी ने अपनी ज़िंदगी इस घर को तिनका–तिनका, ईंट–दर–ईंट बनाने और बच्चों को पूरी तन्मयता, ज़िम्मेदारी और लगन के साथ सँवारने–सँभालने में निकाल दी। लेकिन आज उम्र के इस किनारे पर आकर उन्हें लगता है, यह सब करते–करते समय जैसे किसी रेत की तरह उनकी मुट्ठियों से फिसल गया और इस घर को उनकी ज़रूरत अब उतनी नहीं रह गयी, जितनी पहले थी।

बच्चे अपनी तरह से जीवन बनाने और जीने लगे हैं। सईद जी का कहना है, "मुझे याद नहीं आता कि क्या कभी मेरी भी कुछ हसरतें थीं, कुछ सपने थे.. क्या मैं भी कभी कुछ चाहता था?"

सईद जी की मेहनत, उनके पसीने और उनके ख़्वाब के ज़रिये धीरे–धीरे सब कुछ बदलता गया। लेकिन अब बच्चे उनकी नहीं, अपने मन की बातें सुनना चाहते हैं। उनका घर छोटा है, अब उनका बिछौना गुसलख़ाने में लगा दिया जाता है। इस बात से चिढ़कर वो रोज़ काम पर से आकर पहले एक घंटा लड़ते हैं। ये लड़ाई घर के अंदर बैठकर नहीं होती बल्कि बाहर बरामदे में खड़े होकर होती है, जिन्हें सुनकर आसपास के लोग कहते हैं – "देखो इन्हें, इतनी उम्र गुज़र गयी, पैर कब्र में लटक गए, लेकिन अभी भी चैन नहीं है।"

क्या रिश्ते सिर्फ़ उम्र पर टिके होते हैं?

सईद जी रात के बीते समय में बहुत कुछ बोलते और सुनते हैं लेकिन सुबह होते ही वो अपनी रुटीन में लौट आते हैं। सुबह–सवेरे अपने ज़रूरी काम निबटाना, घरवालों को डिपो से दूध लाकर देना, अपनी नवासी को गोद में उठाकर दुकान से 'चीज़' दिलाकर लाना, फिर अपने खाने का डिब्बा लेना और काम पर निकल जाना – ये उनकी ज़िंदगी का बिल्कुल अलग और दूसरा ख़ुशगवार पहलू है, जिसमें रात वाले ग़मग़ीन और उदास सईद जी को नहीं खोजा जा सकता, ठीक उसी तरह जैसे रात वाले सईद जी में कभी दिन के उजाले में दौड़ते–भागते सईद जी नज़र नहीं आते।

उनका घर अपनी अँगड़ाइयों और उबासियों के साथ अभी नींद में था पर इस अलसाते घर में भी किसी के आने–जाने की मनाही नहीं थी। वो भी धीरे से ज़ीना चढ़कर चाँदनी बिछे गद्दे पर आ बैठे थे। दीवार के उस पार से सरकारी शौचालय की सफ़ाई होने की आवाज़ें ज़ोरों से आ रही थीं, जो रोज़ सबके एक–एक बाल्टी पानी देने से साफ़ किया जाता है। सफ़ाई करने वाले ही सबको बातें सुनाते हुए अपना काम तेज़ी और सफ़ाई से करते जा रहे थे।

यही है बस्ती की सुबह का सबसे पहला दृश्य।

सईद जी बहुत देर तक सोचने के बाद हसीना ख़ाला से बोले, "आप मुझे किसी से दस हज़ार रुपये उधार दिलवा दो। दस–पंद्रह दिन में लौटा दूँगा।"

हसीना ख़ाला ने आँखों को मलते हुए कहा, "ब्याह करना और घर बनाना आसान नहीं है।"

सईद जी बीड़ी सुलगाते हुए बोले, "आप तो सब जानती हो मैं किस जाल में फँसा हुआ हूँ। अपने तो कुछ समझना ही नहीं चाहते हैं।"

अभी तक चाय नाश्ता नहीं हुआ था। सईद जी बीड़ी का कश लगाते हुए फिर से बोले, "बता दो, हो जाएगा जुगाड़?" उनके सवाल में उम्मीद थी।

वो हँस रही थीं "अल्लाह मालिक है।"

सईद जी जाते–जाते फिर से बोले, "करवा ही देना।"

वो दबती आवाज़ में बोलीं, "देखती हूँ भाई। कहती हूँ किसी से।"

सईद जी चप्पल पहनते हुए उन्हें देखते रहे और फिर ज़ीना उतर गए। उनके जाने के बाद वो लग गईं घर की सफ़ाई करने। वो अपनी छोटी–सी खजूर की झाड़ू के हैंडल पर मौज़ा पहनाकर रखती हैं। इससे उसे पकड़ने में आसानी रहती है और झाड़ू काफी दिनों तक चलती है। वो अपने काम में मगन पोंछे को कई–कई बार भिगोकर फ़र्श पर मारती हैं और बाहर से आती हवा गीले फ़र्श को सुखाती रहती है।

कोई भी ये अंदाज़ा नहीं लगा सकता कि जब साफ़–सुथरी होकर उनकी फ़र्श आईने की तरह चमकने लगती है तो क्या उसमें उन्हें कहीं सईद जी की परछाईं भी नज़र आती है?

वही सईद जी, जिनके साथ वे एक ही बस्ती में, एक ही हवा में साँसें लेते, उम्र के कई साल गुज़ार चुकी हैं।

ये अय्याशियाँ

दोपहर के तीन बजे थे। सभी फलवाले अपनी रेहड़ियों को पेड़ के नीचे खड़ा करके नेहरू हिल पार्क की लाल मुंडेरी पर बैठे सुस्ता रहे थे। बीड़ी पीते बतियाते लू के थपेड़ों का मज़ा कैसे लिया जाता है, ये उनसे अच्छा कोई नहीं जानता। सड़क धूप से चिलचिला रही थी।

किनारे पर खड़ी हसीना ख़ाला रिक्शे का इंतज़ार कर रही थीं। एक हाथ में कपड़े का चेन वाला थैला और दूसरे हाथ से अपने सिर पर डाले दुपट्टे का सिरा पकड़े वो कोई रिक्शा खोज रही थीं। लेकिन धूप जब तेज़ हो तो रिक्शेवाले भी खूब नाज़–नख़रे करते हैं। जब काफ़ी देर खड़े होने पर भी रिक्शा नहीं मिला तो वो पैदल ही चलते हुए सड़क के आख़िर तक पहुँच गईं। उनके सीधे हाथ की तरफ़ एक ऑटो आकर रुका। ऑटो वाले ने उनसे पूछा, "कहाँ जाना है आपको?"

वो बोलीं, "मुझे जहाँ तक जाना है, वहाँ तक ये ऑटो नहीं जाता।"

ऑटो वाले ने कहा, "तो जहाँ तक ये सड़क जाती है, वहाँ तक छोड़ देता हूँ। मुझे सामने से जमना पार की सवारी उठानी है। धूप बहुत है बैठ जाओ।" वो बहुत अपनेपन से बोल रहा था। शायद ही कोई इस तरह किसी को टकराता हो।

वो ऑटो में बैठ गईं। ऑटो वाला उनसे बोला, "मैंने दस साल इस जगह ख़ूब रिक्शा चलाया है। पुरानी दिल्ली में रिक्शा चलाना बहुत टेढ़ी खीर है।"

जैसे–तैसे उस संकरी गली में से अपना रास्ता बनाता ऑटो रिक्शा चलता रहा।

कुछ देर बाद वो मुस्कुराईं और बोलीं, "हाँ अन्दर की जगह में तो रिक्शा ही चल सकते हैं... बस–बस हमें यहीं उतार दो एक किनारे करके।"

चारों तरफ़ जमनापार की सवारियों की आवाज़ लग रही थी। इतनी गर्मी में भी लोगों की भीड़ कोई कम नहीं थी। जहाँ वो उतरीं वो तुर्कमान गेट का लाल दरवाज़ा था। ऑटो वाले को उन्होंने तहेदिल से शुक्रिया अदा किया। अपना छोटा सा चेन वाला बटुआ खोलते हुए बोलीं, "कितने पैसे?"

वो ऑटो स्टार्ट करते हुए बोला, "अरे दो क़दम के भी पैसे लूँगा क्या?" बस इतना कहते हुए वो चला गया।

आज वो ज़ायकों वाली गली में आई हैं। यहाँ बहुत बड़ी–बड़ी देगों को मिट्टी से चिनकर उनके नीचे आग जलाई गई है। सीधे शब्दों में कहें, तो ये एक काफ़ी बड़ी भट्टी है, जिसमें एक क़तार में कई देगें लगी हुई हैं। वो इसके बराबर से अंदर जाती गली में चली गईं।

गली में काफ़ी अँधेरा था।

उन्होंने एक दरवाज़े को हाथ लगाया तो वो खुल गया। वो ज़ीना चढ़कर ऊपर पहुँचीं। बाहर दालान में चार अलग–अलग उम्र की औरतें खाना बनाने में लगीं हुई थीं। ख़ुशबू मन को ललचाने वाली थी।

मिट्टी के तेल का स्टोव और चूल्हा अपनी ही रफ़्तार में दहक रहा था।

अपनी–अपनी चुन्नियों से आज़ाद वहाँ औरतें पतीले में चम्मच चलाने, पतली–पतली रोटियाँ बनाने में मगन थीं। गर्मी तेज़ थी पर खाने की लज़ीज़ ख़ुशबू में उसका असर ग़ायब था। उन्होंने चुपके से एक गहरी साँस भीतर

तक खींची, जिससे वे अंदाज़ा लगा सकें कि इन बंद पतीलों के अंदर कौन सी चीज़ें पक रही हैं। लेकिन उन्होंने साँस इतनी धीरे से खींची थी जिससे किसी को इसका पता तक न चले कि वे इन पतीलों के भीतर छुपे स्वाद और ख़ुशबुओं की जासूसी कर रही हैं।

चेहरों पर चमकती पसीने की बूंदें और हाथ में टकराती काँच की चूड़ियों की आवाज़ें उस जगह में जैसे रची–बसी सी जान पड़ती थीं।

हसीना ख़ाला सामने वाले कमरे के अंदर चली गईं। अंदर कमरे में एक बहुत ही पतली बुज़ुर्ग औरत दुपट्टे पर प्रेस करने में लगी थीं। प्रेस के साथ–साथ उनका पतला सा जिस्म भी हिल–डुल रहा था। उनके हाथ की नसें झलक रही थीं। उम्र उनकी सारी रंगत चाट चुकी थी। अपने हाथों से वो दुपट्टे की एक–एक सिलवट निकालने में लगी थीं। लगता था जैसे उस दुपट्टे की एक–एक सिलवट उनकी दुश्मन है और जब तक वे उसका नामो–निशान उस जंग के मैदान से नहीं मिटा देंगी, तब तक 'फ़तह' की मंज़िल उनसे दूर ही रहेगी। लगता था कि उनके रंगीन दुपट्टे पर चलता हुआ लोहे का वह प्रेस कोई टैंक या बुलडोज़र हो, जिसके ऊपर अपना सारा बोझ और सारी ताक़त झोंक कर, पूरे दम–ख़म के साथ वो जूझ रही थीं। लगता था कि आज एक म्यान में दो तलवारें नहीं रह सकतीं। या तो वो रहेंगी या फिर उनका मुचड़ा हुआ दुपट्टा।

हसीना ख़ाला को देखते ही एक औरत उनसे बोली, "बहन, फुरसत मिल गयी आने की?"

उन्होंने मुस्कुरा कर जवाब दिया, "अब आ गई हूँ, तो मिल ही गयी समझो।"

फिर उस औरत ने चिढ़कर नाक सिकोड़ते हुए उस बुज़ुर्ग औरत से कहा, "बड़ी बी, अब दुपट्टे का दम ही निकालकर छोड़ोगी क्या?"

बड़ी बी ने तिरछी नज़रों से उन्हें देखा और बोलीं, “सिकुड़े हुए दुपट्टे से मैं आज तक बाहर नहीं गई, तो आज कैसे चली जाऊँ?”

बात में दम था। पतीले के भीतर करछुल चलाती एक गहरी–साँवली औरत ने कनखियों के साथ चुटकी ली –“हाँ, भई... तुर्कमान गेट के शाह–ए–आलम फुन्नन मियां की बेगम को मुचड़े–सुकड़े दुपट्टे में देखकर, कोई राह चलता ऐरा–ग़ैरा उन्हें कबाड़ी की बीवी समझ ले तो...? ऐसी गुस्ताख़ी... हमें पसंद नहीं...।”

दूसरी औरत हँसते हुए बोली, “ज़रा अपनी उम्र तो देखो बड़ी बी, इस उम्र में भी प्रेस चाहिए तुम्हें?”

अबकी बार तो उनके पान में रचे दाँत खिलखिला गए, “लो भला, उम्र का सजने से क्या रिश्ता?”

हसीना ख़ाला वहाँ बैठते ही जैसे अपनी उम्र और हैसियत की तमाम संकरी सरहदों को लाँघकर वहाँ मौजूद हर उम्र और हैसियत की औरतों–लड़कियों के साथ घुल–मिल गयी थीं।

कमरा ऐसे खुला पड़ा था, जैसे किसी नाटक कंपनी का ‘ग्रीन–रूम’ हो, जहाँ अलग–अलग क़िरदार अपनी–अपनी भूमिकाओं के मुताबिक बन–सँवरकर, भेष और हुलिया बदलकर, बाहर शहर के स्टेज की ओर निकल जाते हैं। उन्हें लगा, जैसे हर शहर इसी तरह बहरुपियों का शहर हुआ करता है।

हसीना ख़ाला की पेशानी पर एक पल को दो–तीन गहरी लकीरें खिंची। वे सोच रही थीं कि क्या आज इस लम्हा वो भी किसी क़िरदार की तरह, बहरूपिया बनकर, इन औरतों के बीच बैठी हैं? या यही उनका असली रूप और चेहरा है?

इस बड़े से कमरे में एक बेड था जिस पर क़रीने से कोई चादर नहीं बल्कि बहुत सारे कपड़ों की तहें बड़ी बेतरतीबी से खुली पड़ी थीं। बेड के ऊपर ही एक बड़ी सी खिड़की थी जो पूरी खुली हुई थी, लेकिन उसके सामने वाली खिड़की बंद थी और बाहर बिजली के खंभे पर बैठा कौवा बीच–बीच में अपने होने की गवाही दे रहा था अपनी काँव–काँव से।

इस घर में छोटे–बड़े कई तरह के आईने हैं जो अलग–अलग दीवार पर टँगे हैं। पर उनमें से कोई भी साफ़ चमकता हुआ आईना नहीं है। कोई तिड़क रहा है, तो कोई चटक रहा है, कोई एकदम धुंधला है तो कोई बहुत समय से टँगा–टँगा धूल में अपना चेहरा छुपा रहा है। किसी की आधी किनारी झड़ चुकी है, तो कोई लटका–लटका ही टेढ़ा हो चला है। पर फिर भी सब साथ हैं, एक–दूसरे को जगह देते हुए।

वहाँ वैसे तो कई लड़कियाँ थीं, पर उनमें एक थी, जिसका नाम था नज़मा। वो एक बड़े–से शीशे के आगे लम्बी–सी घेरेदार फ़्रॉक और चूड़ीदार पजामा पहने बैठी थी। वो शीशे के सामने कमरे की हर शै से बेख़बर, अपने को सजाने–सँवारने में लगी थी। छोटे–छोटे बाल पीठ पर खुले पड़े थे जिनमें इक्का–दुक्का सफ़ेद बाल भी बाहर झाँक रहे थे। उसे ये भी एहसास नहीं था कि कोई अभी–अभी कमरे में आकर सबसे बतियाने लग गया था।

उसने अपने बैग की ख़राब होती चेन को खोला और उसमें से क्रीम का एक पाउच ढूँढ़–ढूँढ़कर निकाला। क्रीम के साथ–साथ बैग से चिल्लर भी बाहर निकल आई जिसे उसने वापस उसी में डाल दिया और पाउच को पिचका–पिचकाकर सारी क्रीम अपने हाथ पर निकाल ली। उसने क्रीम अपने दोनों हाथों में मली और अपने गाल, नाक, माथे, आँखों, ठुड्डी से होते हुए नीचे गर्दन पर उतर आई, जैसे किसी ताज़ेपन से अपने आपको उसने भर लिया हो।

क्रीम पूरे चेहरे पर अच्छे से लगाकर उसने अपनी दोनों भवें ऊपर–नीचे नचाकर अपने दाएँ–बाएँ देखा और एक शरारती हँसी होंठों पर लिए गालों पर ब्लशर लगाने लगी। उसके बाद आँखों को सजाया और सबसे आख़िर में अपने होठों की आउटलाइन बनाकर उसमें गहरे रंग की लिपिस्टक भर दी।

आईने में ख़ुद को बहुत ध्यान से देखती हुई वो अपने चेहरे को थोड़ा इधर से उधर घुमाती। वो ख़ुद को ऐसे निहार रही थी, जैसे आज वो नहीं उसकी जगह, ठीक उसकी आँखों के सामने, आईने के फ्रेम के भीतर कोई दूसरी लड़की उभर आई हो।

पूरी तरह तैयार होकर वो खड़ी हुई और अपनी घेरेदार फ़्रॉक को पकड़कर इधर से उधर लहराते हुए बोली, "जब भी बाहर निकलती हूँ तो पता नहीं किस–किस की नज़र खा जाती है मुझे।"

सामने बैठी औरत जिसकी आँखों की रोशनी ब्रेन ट्यूमर के ऑपरेशन के साथ चली गई थी, झट से बोली, "मेरी नज़्ज़ो तो तैयार होकर बहुत प्यारी लगती है।"

नज़मा के बराबर में बैठी रानी जी बोलीं, "दस साल से तुम तो अँधी हुई बैठी हो। तब भी ये कल्लो तुम्हें सुन्दर नज़र आती है?"

रानी जी की बात पर कमरे में बैठी सभी औरतें ठहाका मारकर हँस दीं।

सबके साथ नज़मा भी मुस्कुराई और अपनी घेरेदार फ़्रॉक को पकड़े पूरे कमरे में धीरे–धीरे अदा के साथ चलने लगी।

"कल्लो में कशिश है", उन्हीं में से एक औरत ने कहा।

आँखों की रोशनी खो चुकी औरत ने अंदाज़े से अपने हाथ पीछे घुमाये और

इधर–उधर टटोलते हुए कटोरा ढूँढ़ा। वाटर कूलर का नल उँगलियों से छूकर देखा और कटोरा नल के आगे सरका दिया।

टोंटी को घुमाकर वो बोलीं, "अरी नज़्ज़ो, इसमें पानी तो भर दे ज़रा?"

हसीना ख़ाला ने उनसे कहा, "आज पान पर मँहगाई छा गई है क्या, जो पिटारी अपने पीछे छुपाए बैठी हो?"

"पान तो मेरी जान है। मँहगाई कितनी भी छा जाए, ये अय्याशियाँ कभी कम न होंगी।" यह कहते हुए उन्होंने अपने तकिये के पीछे से पान की पिटारी को खोजकर निकाला और अपने आगे रखे पान के टुकड़ों पर अंदाज़े से छू–छूकर कत्था और चूना लगाने लगीं।

हसीना ख़ाला ने भी टूटा हुआ सरौता उठाया और सुपारियाँ चटखाने लगीं।

पान की गिलौरियाँ तैयार थीं। सबने एक–एक अपने गाल में दबायी और माहौल में बातों और बीच–बीच में खिलखिलाहटों का रंग छा गया।

पानी का भरा हुआ कटोरा लेकर सामने खड़ी स्याह परी ने गहरे गुलाबी रंगों के भीतर छिपे अपने सफ़ेद मोती जैसे दाँतों को चमकाते हुए कहा, "ऐ, ख़ाला, हमें नहीं दोगी क्या पान की एक गिलौरी! ज़रा हम भी तो तुम लोगों के साथ अय्याशियाँ कर लें।"

उन्होंने हँसते हुए उसे पान की एक गिलौरी थमाई और डाँटते हुए कहा, "चल, भाग यहाँ से, कल्लो मेरी जान।"

हँसी का झरना तुर्कमान गेट की उस पुरानी–संकरी गली में देर तक फूटता रहा। उस रोज जो भी उस गली से गुज़रा, वह उन बौछारों में भीग गया।

ब्लैक ऐण्ड व्हाइट हँसी की मासूमियत

चीनी के बर्तन दीवार में बनी अलमारी में सजे–सजे सुस्ता रहे थे। दो गठे हुए हाथ उन तक बार–बार पहुँचते, उन्हें उठाते और सूती कपड़े से उनको झाड़–पोंछ कर वहीं लगा देते।

ये हाथ हसीना ख़ाला के थे।

लोहे का स्टूल, जिस पर वो चढ़ी हुई थीं, हल्का सा भी हिलता तो वो चौंक जातीं और उनके हाथ हवा में ही रुक जाते। फिर वो सँभलकर अपना बैलेंस बनाने की कोशिश करतीं। धीरे–धीरे सारी अलमारी के बर्तन साफ़ करती जातीं और अलमारी में बिछी पन्नी के नीचे कोई पुराना रखा फ़ोटो, किसी का फ़ोन नम्बर, कोई पता, दवाई का नाम, रुकी हुई घड़ी या चिल्लर या कुछ और अगर मिल जाता तो पहले उसे ध्यान से देखतीं फिर काँच के किसी प्याले में डाल देतीं।

उनका हाथ जब बर्तनों पर लगता तो वो चमक उठते, जैसे वे अभी और जीना चाहते हों। शायद हसीना ख़ाला भी उनकी ज़िंदगी को अच्छे से समझती हैं, तभी तो उन्हें बड़ी हिफ़ाजत के साथ उठाती और साफ़ करके उनकी जगह पर रख देती हैं।

बर्तनों के रंग जा रहे हैं। उनकी चमक को परछाइयाँ धुँधला जाती हैं पर हसीना ख़ाला की लगन उन्हें मरने नहीं देती। लगता है जैसे वो इनके बहाने किसी की याद को सहेजकर रखना चाहती हों।

यहाँ कई पतली–पतली लकड़ियाँ हैं जिनका इस्तेमाल वो वहाँ करती हैं, जहाँ तक उनका हाथ नहीं पहुँच पाता।

वो अलमारियों को साफ़ करते हुए दीवारों को झाड़ रही थीं। दीवार में बैठी धूल, मकड़ी के जाले – सबकी आज शामत आई हुई थी। धीरे–धीरे सारा घर जैसे सफ़ेद रोशनी में निखर रहा था।

सफ़ाई के दौरान उन्हें कई पर्स मिले। अलग–अलग रंग के, मैहरून, चेरी–ब्राउन, काला, छोटे–बड़े कई आकार के पर्स जो एकदम नये थे। उन्हें पर्स जमा करने का शौक है मगर कंधे पर टाँगने का नहीं। वो जानती हैं कि ये पर्स उनके काम के नहीं हैं, लेकिन ये उनका शौक है जो इन्हें संभाल–संभालकर रखवाता है। किसी थैली या पन्नी में से कोई ऐसी चीज़ निकल जाती है, जिसकी उन्हें उम्मीद नहीं होती तो वो एकदम से रोमांचित हो जाती हैं।

उन्हीं में से एक पर्स में से उन्हें एक फ़ोटो मिली, ब्लैक ऐण्ड व्हाइट। छोटा चौकोर साइज़। उसका कोना मुड़ा हुआ था। वो उस फ़ोटो को देखकर चौंक पड़ी। फ़ोटो में एक पतली, पर भरे से जिस्म की लड़की अपने दुपट्टे को संभाले बड़ी मासूमियत से कैमरे की तरफ़ देख रही थी। गोल चेहरा, चमकदार आँखें, उभरी हुई ठुड्डी, माथे तक काले बाल। उस चेहरे के आगे गले में सजा नेकलेस फ़ीका पड़ रहा था।

वो सँभलकर स्टूल से नीचे उतरीं और शीशे के आगे खड़ी हो गईं। आईने में देर तक उनकी आँखें कुछ तलाशती रहीं। फिर उनका दाहिना हाथ उठा और शीशे को कपड़े से रगड़कर साफ़ करने लगा। अब शीशे में हर चीज़ साफ़ दिख रही थी पर लगता था, जैसे अब भी उनकी तलाश पूरी नहीं हुई हो।

उन्होंने फ़ोटो को एक बार फिर अपनी आँखों के बिल्कुल क़रीब लाकर देखा। उसके बाद उसे वहीं रख दिया गया जहाँ से वो निकला था। उन्होंने कई बार फ़र्श पर झाड़ू दी। पर आज लग रहा था जैसे पक्के फ़र्श के नीचे कच्ची ज़मीन उधड़ गई थी, जो झाड़ू लगने से और उखड़ने लगती थी। सारा कूड़ा उन्होंने प्लास्टिक के थैले में भरा और उसे उठाकर ज़ीने की पैड़ी पर टिका दिया। फिर नीचे गद्दे पर बिछाने के लिए दो चादरें निकालीं – एक छोटी, एक बड़ी। चादर के साथ वाले तकिये के कवर को वो कहीं रखकर भूल गई थीं। पूरी अलमारी की छानबीन के बाद आख़िर में वो कवर नीचे वाली दराज़ से मिला। वो हँसकर बोलीं, "लो बगल में छोरा, शहर में ढिंढोरा।"

हँसी का कोई मोल नहीं। उनके चेहरे से उनकी हँसी कभी कहीं नहीं जाती। हँसी उनके गोल से चेहरे पर खेलती ही रहती है, एक ज़िंदादिली हर समय भरती हुई।

सफ़ेद चादर, जिस पर छींटदार फूल बने थे – पूरे कमरे को एक सादा रूप दे रही थी। दरवाज़ा खुला था। हवा के झोंके रुके हुए कूलर की पँखड़ियाँ हिला रहे थे। छोटी खिड़की में लगा पर्दा फर्र–फर्र करके उड़ रहा था।

दो पैर पायदान के उस तरफ़ आकर रुके। चमड़े की चप्पलें पैरों से उतारते हुए वो अंदर चले आए।

काली पैंट, चेकदार शर्ट, चेहरे पर बढ़ी हल्की दाढ़ी उनकी उम्र झलका रही थी। अंदर आते ही पहला सवाल उनसे था, "ये पानी की मोटर यहाँ से क्यों हटाई?"

"क्यों साइड में रखकर कुछ बुराई कर दी?" वो बहुत हल्केपन से बोल रही थीं।

"मैं ये नहीं कह रहा। अगर यहाँ से आते–जाते पैर में लग गई तो?" अबकी बार वो भी नर्म पड़ गए।

हसीना ख़ाला ने अपना हाथ रोकते हुए कहा, "क्यों हमारी आँखें नहीं हैं जो लग जाएगी?" उनके जवाब में शरारत थी।

"अच्छा ये बताओ वो लोग आ रहे हैं तो ख़र्चा कौन करेगा?"

'वो' बहुत प्यार से जानने की कोशिश कर रहे थे।

"सारा सामान वो लोग ख़ुद लाएँगे।" हसीना ख़ाला का जवाब बिल्कुल सीधा था।

"अच्छा भई ज़रा सुनें तो क्या–क्या ला रहे हैं वो?" अबकी बार 'वो' भी शरारत में आ गए।

"पेप्सी, मिक्सचर, बिस्कुट, मिठाई।" वो कुछ सोच–सोचकर बता रही थीं।

"उनका चीनी, चायपत्ती, दूध ये कौन लाएगा?" 'वो' अपनी दोनों भवें उचकाते हुए बोले।

"इसकी भी बहुत बड़ी बात हो गई क्या? ये मैं ख़ुद करूँगी।" उनका लहज़ा बहुत सरल था।

"जब उन्हें बुलाना ही है तो अपने घर बुलाएँ, यहाँ बुलाने का क्या मतलब?" 'उन्होंने' सोचते हुए सवाल जड़ा।

"उनके घर चले गए तो बात तभी ख़त्म समझो।" हसीना ख़ाला के फ़िक़रे में फ़िक्र छुपी थी।

"अब ये क्या बात हुई भला?"

"आप बस रहने दीजिए। किसी का काम अगर ऐसे बनता है तो बन जाने दीजिए।" वो बहुत धैर्य से बोल रही थीं।

"कब तक आएँगे वो लोग?" जैसे 'उन्होंने' हार मानते हुए कहा।

"शाम तक।"

"तो आज रोटी भी खाने को हमें नसीब होगी या नहीं।"

"मैं नहाकर आ जाऊँ? फिर खाना गर्म करती हूँ।"

'वो' दरवाज़े की तरफ़ मुड़े और चप्पलें पहन ज़ीने से धीरे–धीरे नीचे उतर गए।

हसीना ख़ाला ने अपना सूट उठाया और छोटे कमरे का दरवाज़ा लगाकर गुसलख़ाने की तरफ़ बढ़ गईं।

दोपहरी अपने पूरे शबाब पर थी। उन्होंने मुलायम फूलदार क्रेप का सूट पहना था। जानमाज़ पर बैठी वो ज़ुहर की नमाज़ अदा कर रही थीं। चारों तरफ़ सुकून पसरा हुआ था।

आज पूरा घर लीन था, इबादत की फैलती महक में।

चारदीवारी उठने में अभी समय है। वो औरत पहले मिट्टी की गाँठें मिटाती हैं फिर अपनी साड़ी को अपने घुटनों तक ऊँचा करके मिट्टी में पानी मिलाकर उसका मसाला तैयार करती हैं और तसले में भर, दीवार की चिनाई करने लगती हैं। दीवारें उनके कंधे तक आने लगी हैं। घर का आकार दिखने लगा है जो कुछ दिनों में ही पूरा हो जाएगा, शायद। उन्हें किसी से बात करने की फुरसत नहीं है। बस वो मसाला तैयार करती हैं और ईंटें जमाने में लग जाती हैं। साफ़–सुथरी, एक बराबर की ईंटें नहीं बल्कि छोटी–बड़ी, ऊँची–नीची, लम्बी–चौड़ी ईंटें हैं। वहीं कुछ दूर खड़ी हसीना ख़ाला उन्हें बस निगाह भर–भरकर देख रही हैं।

गली के अंतिम छोर तक

तेज़ लू जिस्म को दहकाते और मुँह पर थपेड़े लगाते हुए आगे निकल जाती। कपड़े शरीर से चिपककर उसे ऐसे उभारते जैसे मूर्तिकार ने गीली आकृति को कपड़े पहना दिये हों। दुपट्टा उड़–उड़कर मुँह से आ चिपकता। हाथ से उसे नीचे खींचती हुई वो अपनी राह पर चुपचाप बढ़ रहीं थीं।

गली लम्बी थी जहाँ हसीना ख़ाला रुकी खड़ी हैं। बहुत ध्यान से उस जगह को जाँचते हुए उन्होंने ऊपर की ओर जाते ज़ीने पर पैर रखा, फिर जैसे किसी दुविधा में उसे वापस खींच लिया। वो एक असमंजस और अनिर्णय में घिर गईं। उन्होंने गर्दन ऊपर उठाकर देखा। बिजली के लम्बे तार पूरी गली में यहाँ से वहाँ तक खिंच रहे थे। थोड़ा पीछे होकर उचककर ऊपर की तरफ़ वो देखने लगीं। हरे रंग की खिड़की खुली हुई थी, लेकिन उस खिड़की में कोई नहीं था। उस खिड़की पर सिर्फ़ कपड़ों का भार लटका हुआ था।

पीछे से एक औरत बोली, "किसको ढूँढ़ रही हो?"

हसीना ख़ाला मुस्कुराते हुए पीछे मुड़ीं, "कोई रहती हैं यहाँ... पुरानी जानने वाली। उन्हीं को देख रही हूँ।"

वो औरत कोयलों में बीजने से हवा कर रही थी जिससे उड़ते हुए पतंगे इधर–उधर बिखर कर शांत हो जाते।

वो औरत दोबारा बोली, "क्या नाम है उनका? हमें बतला दो शायद हम जानते हों।"

"मुझे पता है, यही वो घर है।" ये कहते हुए हसीना ख़ाला अबकी बार ज़ीने पर बेधड़क चढ़ गईं।

अब उनकी आवाज़ में यह विश्वास आ गया था कि वो सही जगह पर ही आयी हैं। ज़ीने पर चढ़ते उनके पावों और ऊपर की ओर उठी उनकी निगाहों में अब बेफ़िक्री थी और होठों पर हल्की मुस्कान, जैसे बस अभी इस ज़ीने के ख़त्म होते ही वो अपने उस सगे रिश्ते के सामने खड़ी होंगी, जिसे ढूँढ़ने वो इस जलती दोपहर में इतनी दूर से पैदल आयी हैं। उस तेज़ आँच में अपने जिस्म को जलाती हुईं।

कमरा छोटा था। स्टील की बड़ी ट्रे में रखी थी आलू की सब्ज़ी की प्याली और वहीं प्याली के पास रखी रोटी एक लड़का मज़े से खा रहा था। बराबर में बैठी दो लड़कियाँ उन्हें देखते ही बोलीं, "अस्सलाम अलयकुम।"

वो अपनी फ़ोम की गद्देदार चप्पलों को बाहर मुंडेरी पर उतारते हुए अंदर दाख़िल हुईं।

"वा अलयकुम अस्सलाम।" कहते हुए वो वहीं चादर पर बैठ गईं।

लोहे का ज़ंग खाया कूलर ठंडी हवा फेंक रहा था। पसीने को अपने आँचल से पोंछते हुए वो चैन की साँस ले रही थीं। खाना खाते लड़के ने हाथ रोककर अपनी जेब से मोबाइल फ़ोन निकाला और कहीं नंबर मिलाया– "हैलो, अम्मी कहाँ हो? यहाँ कोई आये हैं।"

फिर लड़के ने कान से नीचे की ओर फ़ोन सरकाकर उनकी तरफ़ देखा।

"कौन हैं आप? अम्मी को क्या बताऊँ?"

वो खिलखिलाकर हँसते हुए बोलीं, "हसीना हूँ मैं, तुम बच्चों की ख़ाला।"

लड़के ने फ़ोन पर वही बोल दिया और हँसते हुए उनसे मुख़ातिब हुआ।

"माफ़ कीजिएगा, हमने आपको पहचाना नहीं। अम्मी अभी आ रही हैं।"

अब वो दोनों लड़कियाँ भी हरकत में आईं। एक ने उठकर फ़्रिज से ठंडी बोतल निकाली और काँच का ख़ाली गिलास ऊपर तक भर दिया। उनके हाथ में पानी देते हुए बोलीं, "अम्मी अक्सर आपके बारे में बातें करती हैं।"

वो पानी के छोटे–छोटे घूंट भरते हुए हाँ में गर्दन हिला रही थीं। कुछ ही देर में एक भारी देह की औरत अपनी दोनों बाहें फैलाये कमरे में आईं और उनके गले से लग गईं। जब भी कोई उनकी तरफ़ अपनी नर्म बाँहें फैलाता है तो वो बिना एक पल झिझके उसकी तरफ़ अपनी दोनों बाँहें प्यार से ऐसे खोल देतीं हैं जैसे वो उसे अपने भीतर समेट लेना चाहती हों।

"बाजी, बड़ी बेमुरव्वत हो गईं तुम तो। हमारे घर का रास्ता ही भूल बैठीं।"

अपनी शिकायत ज़ाहिर करते हुए वो उनके पास ही बैठ गईं।

"और बता आसिया, सब ठीक है ना?"

"हाँ बाजी। इनके जाने के बाद तो सब कुछ ही बिखर गया था। बड़ी मुश्किलों से सब कुछ मैंने अपने दोनों हाथों में समेटा है।"

"बेटियाँ क्या कर रहीं हैं?"

"आपकी दुआ से दोनों ही पढ़ रही हैं। एक ने बारहवीं के इम्तहान दिये हैं इसी साल और दूसरी ने बी.ए. के।"

"और बेटा क्या कर रहा है?"

"बेटा भी पढ़ रहा है और साथ–साथ खिलौनों का काम भी सीख रहा है। ऊपर वाले ने चाहा तो अगले साल अपना काम भी खोल लेगा।"

वो ख़ुश होते हुए बोलीं, "अच्छी तरबियत दे रही हो।"

"बाजी, बच्चों को अकेले पालना आसान नहीं होता।"

वो बातें भी करती जा रही थीं और साथ–साथ छोटे–छोटे रंग–बिरंगे रिबनों को बराबर में पड़े गट्ठर से एक जैसा छाँटकर उनमें रबड़ भी लगाती जा रही थीं। बातें करते और रबड़ में क्लिप कसते उन्हें पता नहीं चला कि काफी समय बीत चुका है। वो अब चलने के लिए खड़ी हुईं।

आसिया बोली, "बाजी शहीद की शादी हो गई है। बड़ी ख़ूबसूरत बहू लाया है"। इतना कहकर एक पल को वो रुकी, कुछ सोचा और कहा, "गुड़िया जा, जरा चाची को तो बुला ला।"

हसीना ख़ाला ने घड़ी की तरफ़ देखते हुए कहा, "रहने दो आसिया। कहीं और भी जाना है।" वो वहाँ से उठ चलीं।

"फिर आऊँगी।" नर्म लहजे के साथ विदा लेते हुए वो गली में उतर गईं।

"बाजी फिर आना।" जब वो नीचे थीं तो ऊपर से आसिया की भीगी हुई तेज़ आवाज़ उनके कानों से टकराई, जैसे इस गर्मी और लू के मौसम में किसी भटकी हुई हवा का ठंडा झोंका उनको छू गया हो।

उन्होंने अपनी गर्दन ऊपर उठाई तो खिड़की पर आसिया खड़ी थी।

उन्होंने बोलना चाहा "हाँ, आसिया, ज़रूर आऊँगी।" लेकिन उनका गला रुंध गया। सिर्फ़ अपनी गर्दन 'हाँ' में हिलाते हुए वो गली में अंतिम छोर तक निकल आयीं।

उन्होंने फिर गर्दन घुमाकर पीछे नहीं देखा, जबकि उन्हें लगातार अपनी पीठ पर आसिया की निगाहें चिपकी हुई लगती रहीं।

शोख़ रंगों की गिट्टियाँ

धूप की तपिश कम हो चली थी। ज़ीने पर चढ़ने से पहले उन्होंने अपने क़रीब से जाती औरत से पूछा, "शाहिदा यहीं रहती है?"

"हाँ, ऊपर चढ़ते ही पूछ लेना। दूसरी मंज़िल की छत पर ही कमरा डला है।"

हसीना ख़ाला कुछ मिनट वहीं खड़ी होकर ज़ीने की ओर देखती रहीं। फिर दीवार के क़रीब से ऊपर जाते नल के पाइप को पकड़ते हुए, एक लम्बी साँस लेकर, एक के बाद एक पैड़ी चढ़ती गईं।

ऊपर पहुँचकर, अंदर जाते बरामदे में उन्होंने क़दम रखा। ये जगह एकदम शांत थी। आसपास कोई दिख नहीं रहा था। गर्म हवा यहाँ पूरे खुले बरामदे में खेल जाती और इतनी गर्मी में भी ठंडक का एहसास करा जाती। उनके दाहिने हाथ की तरफ़ एक लोहे की टंकी रखी थी, जिसकी टोंटी से धीरे–धीरे पानी रिस रहा था और उसी के साथ वाली दीवार पर फफूंद की पपड़ियाँ ऐसे छा गई थीं जैसे वो उनका स्थाई बसेरा हो। सामने के कमरे में चटाई का पर्दा डला था। उन्होंने इधर–उधर झाँकते हुए पुकारा– "कोई है?"

सामने से पर्दा उठाकर, तहमद और कमीज़ पहने एक बुज़ुर्ग उनके सामने नमूदार हुए।

"कौन हो?" आवाज़ में दम था। उम्र काफ़ी थी पर आवाज़ पर उम्र अपनी छाप छोड़ नहीं पाई थी।

"शाहिदा यहीं रहती है?" हसीना ख़ाला ने बहुत ही नरमी से पूछा।

“हाँ, लेकिन ऊपर रहती है।” वो ज़्यादा बात करने के मूड में नहीं थे इसलिए उन्होंने पर्दे में वापसी करने में देर नहीं लगाई।

उनकी आवाज़ें सुनकर साथ वाले कमरे से लम्बे क़द की साँवली सी औरत बाहर निकल आईं और उन्हें देखते ही बोलीं, “हसीना।”

बहुत अपनेपन से जैसे हसीना ख़ाला को कोई पुकार रहा था।

वो दोबारा बोलीं, “पहचाना नहीं हमें?” उनकी आँखें जैसे हसीना ख़ाला में धंसती चली गईं। वो उनकी तरफ़ बढ़ी और बाहें फैलाकर उनके गले से लग गईं। हसीना ख़ाला ने भी असमंजस में अपनी बाँहें फैला दीं। वो इस औरत को और इस जगह को बहुत ध्यान से देख रहीं थीं। जैसे कि अपनी यादों की पुटलिया में से वे उस हिस्से को खंगाल रही हों जो इनके नाम का है। वो कुछ समझ पातीं, इतने में वो हसीना ख़ाला का हाथ पकड़कर अंदर कमरे में ले आईं।

“पहचानो इसे?” वो मुस्कुराई और जैसे उन्हें किसी इम्तिहान में डाल दिया।

सामने बेड पर लेटी लड़की, जिसने चूड़ीदार पाजामा और लाल रंग का सुर्ख सूट पहना हुआ था, उनकी आहट पाते ही बड़ी तहज़ीब के साथ उठ बैठी और अपने दुपट्टे को अपने शरीर पर सजाते हुए उन्हें सलाम करने लगी। उसकी आवाज़ बहुत ही सुरीली और बारीक थी, बिल्कुल उसकी काठी की तरह। वो लड़की अब भी उसी दुविधा में थी, जिस दुविधा में वो पड़ी थीं। फिर भी, सलाम का जवाब सलाम के अंदाज़ में ही दिया गया।

“वा अलयकुम अस्सलाम।”

अचानक वो कुछ याद करते हुए बोलीं, “कौन हो तुम? कहीं जुबैदा तो नहीं?” हसीना ख़ाला ने अपनी बात पर इतना ज़ोर नहीं दिया था फिर भी मुग़ालते में ही सही एक सवाल तो निकल ही आया था।

"देखा, याद दिला दिया न! हाँ, मेरी बहन ज़ुबैदा''। उनका शरीर अब जैसे एक ख़ास तरह की हरकत में आ गया था। उन्होंने हसीना ख़ाला को गहरी आँखों से देखते हुए कहा, "हमें क्या भूल ही गई थीं जो इतने सालों तक यहाँ का रुख़ नहीं किया?" उनके इस जुमले में तन्ज़ था पर प्यार की मिठास भी उतनी ही थी, जितनी शायद कभी इनकी पहली मुलाक़ात में रही होगी। सालों पहले की, पहली मुलाक़ात।

कमरा लम्बाई में बना था पर काफ़ी खुला–खुला, जो गर्मी में भी सर्दियों का मज़ा दे रहा था। लाइटें बंद थीं, लेकिन झरोखों में से इतना उजाला अंदर आ रहा था कि सब कुछ साफ़–साफ़ दिख जाये। काफ़ी समय बाद तलवों को फ़र्श की ठंडी नमी नसीब हुई थी जो पूरे बदन की थकावट को अपने अंदर सोख गई। उन्होंने जानमाज़ तह करके अपने सीधे हाथ की तरफ़ रखे बक्से की ऊपरी छत पर रख दिया। सिलाई मशीन पर भी कवर ढक दिया। मन की तसल्ली होने पर हसीना ख़ाला भी अब आराम से बेड पर बैठ गई थीं।

"मदीना ये तेरी दाई माँ हैं?" ज़ुबैदा उस बैठी हुई लड़की के सिर पर हाथ फिराते हुए बोली।

मदीना उन्हें बहुत ध्यान से देख रही थी। फिर बेड के किनारे से उतरते हुए कमरे से बाहर निकल गई।

हसीना ख़ाला ने कमरे में नज़रें घुमाते हुए पूछा, "तुम्हारी सास कहाँ है?"

"अब कहाँ रहीं वो!" आवाज़ जैसे पस्त पड़ गई थी।

हसीना ख़ाला ने एक लंबी साँस लेते हुए कहा, "घर बदल गया है शायद, पिछली बार जब आई थी तब कुछ और था।"

"हाँ, पहले ये नीचे वाली छोटी सी दुकान ही तो थी हमारी, जहाँ ये मदीना

पैदा हुई थी। पर ऊपर वाले का करम देखो, धीरे–धीरे ये पूरी हवेली ही हमारी हो गई।" ज़ुबैदा जी की आवाज़ में खोया हुआ उत्साह वापस लौट आया था।

मदीना ने कमरे में वापसी की। अबकी बार उसके हाथ में एक सफ़ेद ट्रे में चार काँच के गिलास थे जिनमें लाल रंग का रूहअफ़ज़ा बर्फ़ को अपने भीतर घुलाता जा रहा था।

उनकी बातों में अब का समय कम और पिछला समय ज़्यादा घूम रहा था।

नीचे ज़मीन पर रंगबिरंगी कतरनें बिखरी पड़ी थीं जो पैरों में चिपककर पलंग तक आ गई थीं। कतरनों के पास ही धागे का डिब्बा खुला पड़ा था जिसमें से शोख़ रंगों की गिट्टियाँ बाहर को झाँक रही थीं। उस बाहर को, जिसमें वो बारीक़ सिलाइयों में गुँथकर गर्म शरीरों की आँच में जी उठेंगी।

यादों में बसी ख़ाली बोतलें और रंगीन थैलियाँ

जब मैंने मंटो की 'ख़ाली बोतलें, ख़ाली डिब्बे' कहानी पढ़ी तो मुझे हसीना ख़ाला के घर का वो हिस्सा नज़र आया जो धूल में अटे ख़ाली बोतलों और ख़ाली डिब्बों में धड़कता है। यहाँ मेरा वास्ता किसी की ज़िंदगी से नहीं है क्योंकि न तो हसीना ख़ाला अकेली हैं और न ही ख़ाली। अपने रिश्तों के तानेबाने की बुनाई वो बख़ूबी अपने छोटे–छोटे हाथों से करना जानती हैं। उनके यहाँ न तो कोई कुत्ता है, न कोई चिड़िया या तोता। ऊपर से उनका गेट भी हरदम खुला रहता है। छोटा सा ज़ीना ऊपर की ओर जाता हुआ खुले आसमां का एक छोटा टुकड़ा दिखाता है जहाँ से हर मौसम का अंदाज़ हो जाता है। कभी–कभी बादल के मोटे–मोटे टुकड़े ऊपर छाकर मौसम से आँख–मिचौली खेलने लगते हैं।

रघुवीर ज़ी, जो पैंसठ साल की उम्र पार कर चुके हैं, उन्हें ख़ाली बोतलें और ख़ाली डिब्बे जमा करने का शौक अभी हाल ही के कुछ सालों से लगा है। जहाँ भी ख़ाली डिब्बा पड़ा देखते हैं, उसे उठा लाते हैं। धो–माँजकर, साफ़ सुथरा कर, स्टैंड के किसी कोने में रख देते हैं। ख़ाली बोतलें यह कहकर रखी जाती हैं कि मिट्टी का तेल रखने के काम आएंगी पर सभी जानते हैं कि वो मिट्टी तेल के लिए बोतल इस्तेमाल नहीं करते, बल्कि एक चौड़े मुँह वाला प्लास्टिक का डोंगा लेते हैं। फिर भी बोतलें तख़्त के एक कोने में नीचे के रुख़ जमा होती रहतीं हैं। लेकिन जब उनकी बेटी घर की सफ़ाई करती है तो सारे डिब्बे और बोतलें बाहर फेंक देती है। तब अपनी बोतलें, डिब्बे वहाँ न पाकर वो दाँत चबाते हुए लाचारगी से कहते हैं, "हम भी बेकार हो गए हैं। हमें भी उठाकर बाहर क्यों नहीं फेंक देते?"

आज से बहुत साल पहले जब रघुवीर जी शराब पिया करते थे तो अम्मा के डर से बोतल ख़ाली होते ही बाहर फेंक दिया करते थे। शराब छूटे बहुत समय बीता। उम्र ने उनके कंधे झुका दिए पर आज इस उम्र में उनका ख़ाली बोतलें, ख़ाली डिब्बे इतने चाव से जमा करना समझ में नहीं आता। अम्मा के साथ उन्होंने इस साल बारह मई को अपनी शादी की छियालिसवीं सालगिरह मनाई है। सबको गर्मागर्म जलेबी खिलाकर।

मेरी भटकन न जाने क्या है? मैं ख़ुद समझ नहीं पा रही हूँ। लोगों के अपने–अपने कुछ निजी शौक़ होते है, जिनसे उम्र का कोई ताल्लुक़ नहीं होता। सुमन जी भी आज के समय में साठ साल पार करके उस ओर चली गई हैं, जहाँ से समय को अंगुलियों पर गिनते हुए नहीं, बल्कि चेहरे पर से गुज़रते हुए देखा जा सकता है। वो बस तरह–तरह के ख़ाली थैले, ख़ाली पन्नियाँ सँभाल–सँभालकर रखती रहती हैं।

एक बड़े मज़े की बात है। एक अलमारी है, जिसमें चार हिस्से बँटे है। एक सुमन जी की बेटी का, दूसरा उनके बेटे का, तीसरा उनका ख़ुद का और चौथा उनके पति रघुवीर जी का। उनकी बेटी के ख़ाने में तो कपड़े ही कपड़े नज़र आते हैं। पर सुमन जी के ख़ाने का छोटा–सा भाग ख़ाली थैलों से भरा रहता है। मोमजामे और कपड़े के ख़ाली थैले वो बड़े प्यार से तह लगाकर, सँभाल–सँभालकर रखती हैं। उन्हें किसी से कोई शिकायत नहीं, पर अगर उनके थैले इधर से उधर हो जाएँ तो वो सबके लिए मुसीबत खड़ी कर देतीं हैं।

यहाँ हम ग़लत भी हो सकते हैं। जिसे शौक़ समझ रहे हैं शायद वो उनकी ज़रूरत ही हो। पर इतना बड़ा उनका कुटुम्ब भी नहीं है जिसके लिए इतने थैलों की आवश्यकता पड़े। चार ठुड्डियों का दरमियाना घर है उनका जिसमें एक बार पकी सब्ज़ी भी दो दिन तक चल जाती है।

दूध की ख़ाली पन्नियाँ सुमन जी ने जब जमा करनी शुरू की तो उनकी ये बात उनकी बेटी को सुहाती नहीं थी। घर की सफ़ाई करते समय वो उन्हें किसी न किसी बहाने से कूड़े का डिब्बा दिखा ही देती। एक दिन सुमन जी ने अपनी बेटी से कहा, "क्यों फेंक देती हो थैलियों को?"

उसने कहा, "आँखों को भाती नहीं। ऐसे पड़ी हुई बहुत बुरी लगती हैं"।

उन्होंने कहा, "घनी हो जाएगी तो बुरी नहीं लगेंगी।"

वाह! ये ख़ूब कही। क्या इधर–उधर, दूर–दूर बेतरतीब बिखरी हुई चीज़ें जब एक जगह अपनी घनावट में आकार पाती हैं तभी वे किसी की आँखों और यादों में बस सकती हैं?

यूँ तो लोगों की चाहतों की कोई सीमा नहीं पर इन चाहतों को कोई कब तक सँभालकर रखता है, ये बता पाना नामुमकिन है। अपनी चाहत के साथ दिलचस्पी बनाए रखने की अवधि सबकी अपनी–अपनी होती है। यूँ समझ लीजिये कि हर कोई अपनी चाहतों को पालना और सँभालना बख़ूबी जानता है – ये एहसास किए बिना कि ये उसका शौक़ है।

"ऐसा करना मुझे अच्छा लगता है" या "ऐसा मैं ख़ुद नहीं करता, हो जाता है।"

ये जुमले बहुत ही आसान हैं। किसी भी सवाल को दरकिनार करने के लिए।

हसीना ख़ाला आटा गूंथ रही थीं। उनका आटा गूंथना बड़ी मशक़्क़त का होता है। आटे और पानी को गूंथ–गूंथ कर वो ऐसी मलाई बनाती हैं कि उनकी रोटियाँ भी मक्खन की तरह लाजवाब नर्म होकर आती हैं।

"नमस्ते हसीना ख़ाला।"

"नमस्ते।"

कुछ देर इधर–उधर की बातें होती रहीं।

"हसीना ख़ाला, आप ख़ाली बोतलें, ख़ाली डिब्बे क्यों जमा करती हैं?"

"जमा कहाँ करती हूँ, अपने आप ही इकट्ठे हो जातें हैं।" हसीना ख़ाला ने टालते हुए कहा।

"तो क्या आप इन्हें बेच देंगी?"

"हाँ बेचूँगी। पर ये भी एक झंझट का काम है। पहले कबाड़ी को बुलाओ। फिर मोल–भाव करो। इस झिकझिक से तो अच्छा है कि इन्हें पड़े ही रहने दो।"

तो क्या हसीना ख़ाला मंटो की कहानी के क़िरदार की तरह बात टाल रही हैं। क्या वो सच में इन्हें किसी दिन बेच डालेंगी? पता नहीं! कुछ कहा नहीं जा सकता।

लेकिन कुछ ही पलों बाद, गहरी सांस लेकर हसीना ख़ाला फिर बोलती हैं "अब बेचकर क्या करूँगी? मिट्टी तेल के लिए तो डिब्बे चाहिए होते हैं। ... और सबसे बड़ी बात ये कि हम बहुत सी ऐसी चीज़ें भी जोड़ते जाते हैं जिन्हें कभी बेचने का मन नहीं करता"।

मैं सोचतीं हूँ ...रघुवीर जी, सुमन जी और हसीना ख़ाला की यादों में कितनी ख़ाली बोतलें, डिब्बे और रंग–बिरंगी थैलियाँ हमेशा के लिए बस चुकी होंगी।

हसीना ख़ाला हाथ का छज्जा माथे पर बनाए देख रही हैं सिनेमा हॉल के बाहर लगे बड़े से पोस्टर को जो चार लोगों के हाथों में है और वो जान का जोख़िम उठाए उस पोस्टर को सिनेमाहाल के इतने ऊपर लगा देना चाहते हैं कि वो दूर से ही लोगों की आँखों में जगह बना ले। पोस्टर के दोनों छोरों पर दो शख़्स सीढ़ी लगाए ऊपर चढ़े हुए हैं और उसे मोटी रस्सी से बांध रहे हैं। ठीक उसी दिशा में नीचे खड़े हुए दोनों शख़्स पोस्टर को खींच–खींचकर उसकी सिलवटें निकाल रहे हैं। हसीना ख़ाला न जाने आज क्या तलाश रही हैं। उन्हें पता नहीं किसने रोका है – इस पोस्टर ने, पोस्टर को लगाने वाली प्रक्रिया ने या फिर दिमाग़ में उभरती किसी याद ने!

कहीं कुछ चटक गया था शायद

न तो उनके हाथों से कभी कोई चीज़ फिसलती है और न ही कभी किसी चीज़ के अचानक आ आने से उनके हाथ झन्नाते हैं। शायद यही वजह थी कि अचानक हाथ लगा वो पर्चा भी बड़ी संजीदगी से उनकी उंगलियों के बीच खुद को महफूज़ समझ रहा था।

वो पन्ना हवा में फड़फड़ा रहा था। ऐसा लगा जैसे एक झटके से वो खुल गया और उसके अल्फ़ाज़ न चाहते हुए भी बाहर फिसलने लगे। हसीना ख़ाला जैसे वहीं बैठे–बैठे कहीं और पहुँच गईं।

किसी की भी, कोई भी ज़िंदगी हो, लोगों की नर्म–गर्म छाँह अपने लिए तलाश ही लेती है। मैं भी किसी मनमौजी दरिया की धारा की तरह बह निकलती हूँ, जहाँ वो मेरे हमनवाँ बनते हैं जो कभी मेरे अपने थे ही नहीं। अजनबियों का साथ ही अपना बन जाता है।

मैंने जितने भी रिश्ते कमाये हैं, अपने बूते कमाये हैं। मैं किसी पर एहसान नहीं करती और न कोई मुझ पर। थोड़ा सा हिस्सा अपनी ज़िंदगी का मैं किसी को देती हूँ, थोड़ा सा हिस्सा कोई मुझे दे देता है। बस, ऐसे ही प्यार से ज़िंदगी आगे सरकती जाती है।

मुझे अच्छे से याद है वो दिन। मैं खुश होती हुई बाहर सड़क पर पहुँची। मौसम घुटा–घुटा सा था। बाहर जाकर मैं जी उठी। 'वो' एक रिक्शे में बैठे थे। अपने एक दोस्त के साथ। मैंने ऐसे ही उनकी जाँघों पर धौल जमाकर कहा, "और भई ख़ान साहब, क्या हो रहा है?"

बस, मेरा ये कहना था कि हमारे बीच का चालीस साल लंबा रिश्ता जो उस पल के पहले तक किसी साफ़ आईने की तरह चमक रहा था, अचानक सबके सामने तिड़क कर बिखर गया। चकनाचूर...।

वो लगातार ऊँची आवाज़ में बोल रहे थे और मैं चुपचाप अपने में टूट रही थी।

"ये क्या तमीज़ है? बाज़ारू औरतों की तरह मुझ पर हाथ मार रही हो। आइन्दा मुझसे इस तरह बात मत करना। बाज़ार वाली अदाएँ दिखा रही हो सड़क पर।" ये कहते–कहते ख़ान साहब का चेहरा भभक उठा।

मेरी समझ में नहीं आ रहा था कि वो ये सब क्यों बोल रहे थे? उनके हर शब्द पर मेरी घिग्घी बंधी जा रही थी। मैं कुछ बोल नहीं पा रही थी। पर ऐसा मैंने किया क्या है? बस यही सवाल मेरे दिमाग़ में बार–बार घूम रहा था। वहाँ खड़े लोगों के बीच मेरी तस्वीर डगमगाने लगी थी। मैं सबके लिए दाई माँ थी, ख़ाला थी, ताई थी, आपा थी – पर आज ये मुझे किस नये नाम से नवाज़ा जा रहा था? मेरे पैर सुन्न हो गए और मैं वहीं गिर गई।

इसके बाद कई दिन हमारे बीच रूखे–रूखे से बीत गए। उन्होंने मेरी तरफ़ मुड़कर नहीं देखा और मैं भी उनकी तरफ़ से अनजान हो गई।

एक दिन वो मेरी तरफ़ मुड़े और मुझे कंधे से पकड़कर मेरा नाम पुकारा। ठीक उसी आवाज़ में, जिसे मैं सालों से जानती थी। 'हसीना'! पर मुझे उनकी कोई भी बात सुनाई नहीं दे रही थी। बस, उनके कहे उस दिन के झनझनाते हुए शब्द अचानक कान में बजने लगे। मैं झटके से पीछे हो गई और कहा, "मैं तो ख़ान साहेब, बाज़ारू हूँ न? अब इस फ़ाहिशा बाज़ारू औरत से आपको क्या चाहिए?"

वे मेरी तरफ़ भौचक्के से देख रहे थे। नाइट बल्ब की रोशनी में मेरी आँखों के सामने वो सारा वाक़या ज्यों का त्यों दोबारा 'रिवाइंड' हो गया था... और अब

पूरी तरह से 'प्ले मोड' में चलने लगा था।

मैंने उनसे बहुत ठहरी हुई, ठंडी लेकिन मज़बूत आवाज़ में कहा, "आप आज़ाद हैं। जहाँ जाना चाहें आप बा–ख़ुशी जा सकते हैं।" ये कहकर मैं सुकून में थी। ऐसा लगा जैसे कोई बोझ मुझ पर से उतर गया हो हमेशा के लिए।

वो मेरी ज़िंदगी का पहला फ़ैसला था जो मैंने ख़ुद लिया था और मैं उस फ़ैसले से बहुत ख़ुश थी। बस वो दिन है और आज का दिन, हमारी हर चीज़ अलग होती चली गई।

ख़ान साहब अब मेरे लिए अजनबी हैं लेकिन उनके सारे रिश्ते जो शादी के बाद मेरी झोली में आ गये थे, उन्हें आज भी सँभाले बैठी हूँ। कोई शर्त नहीं है पर फिर भी इन चालीस सालों में जो रिश्ते मिले हैं मुझे सौग़ात में, मैं उनसे मुँह नहीं फेर सकती। ये घर भले ही उनके नाम से हो, पर जाना जाता है मेरे नाम से। इस घर की पहचान हूँ मैं। मैं यानी हसीना।

पन्ना कब खुला, कब बंद हुआ इसका सबूत उस जगह से ग़ायब था। अछूते शब्दों की दुनिया कुछ पलों में बनी और ओझल होते–होते अपना एहसास फिज़ाँ में छोड़ गई। पर जाते–जाते एक सवाल पीछे छोड़ गई, जो बार–बार मन का दरवाज़ा खटखटाता रहता है – अगर मियाँ–बीवी के बीच में से 'हक़' शब्द निकाल दो तो बाकी क्या बचेगा?

इस सवाल के जवाब में सिर्फ़ ख़ामोशी चारों ओर फैली हुई थी। उँगलियों के बीच फँसे उस पर्चे के पन्ने बिना कोई जवाब दिये हवा में धीरे–धीरे अब भी फड़फड़ा रहे थे।

हसीना ख़ाला किसी संगमरमर के बुत की तरह, अपनी उंगलियों में उस पर्चे को दबाए, चुपचाप वहाँ बैठी थीं।

ज़िंदगी के पैबंद

बाहर दरवाज़े की दहलीज़ से देखने पर उस कमरे में कितनी जगह है इसका पता नहीं चलता। बस एक कदम अंदर रखते ही पता चलता है कि वास्तव में वो एक बहुत बड़ा कमरा है। अपने भीतर बहुत सी चीज़ें समेट लेने वाला। उस कमरे को कई जगहों के हिसाब से बाँट दिया गया था। दो पल्लों वाला दरवाज़ा कमरे के बिल्कुल बीचोंबीच था जिसका एक पल्ला भी खोलो तो काम चल जाएगा।

दरवाज़े से अंदर घुसते ही सीधे हाथ की तरफ़ एक सोफ़ा बिछा रखा था और उसके बगल में एक मेज़। नीचे फ़र्श पर गद्दा और कुशन लगाकर बैठक बनाई गई थी। आगे ही एक डबलबेड रखा था, जिस पर बड़े–बड़े फूलों वाली मेहरून चादर बिछी हुई थी।

उसी के थोड़ा आगे छोटा सा एक किचन था। किचन में बिजली का एक हीटर था जिस पर चाय का पानी उबल रहा था और उसकी ख़ुशबू यहाँ तक आ रही थी।

सामने दीवार में लगे बड़े आईने में घर के सभी लोगों की छवियाँ नाच रहीं थीं।

जिस लड़की की शादी होने जा रही थी, वो बहुत ही पतली–दुबली और साँवली सी थी। शादी धूम–धड़ाके वाली नहीं थी इसलिए नीचे से आते हुए पता नहीं लगता था कि इस घर में शादी होने वाली है। न कहीं कोई सजावट

और न ही कोई हल्ला–गुल्ला। हालाँकि घर में बहुत सारे लोग थे। लड़की के छोटे भाई–बहन पूरे घर में भाग–भागकर खेल रहे थे।

"किसी को बुलाओगी नहीं क्या?" हसीना ख़ाला, गौहर बी का जायज़ा लेते हुए पूछ रही थीं।

"नहीं! हमने किसी को नहीं पूछा। तुम तो जानती हो क्या हुआ है?" उनकी और गौहर बी की नज़रें एक–दूसरे पर आकर रुक गईं जैसे आँखों ही आँखों में कुछ दोहरा रही हों।

"स्कूल की छुट्टियाँ हो रही होंगी इसकी?" हसीना ख़ाला कुछ सोचते हुए बोलीं।

"अब कैसा स्कूल? अब तो बस कल ख़ैरियत से निक़ाह हो जाए। कल ज़रूर आना।"

ऐसा कहते हुए उन्होंने बहुत अपनापे और लाचारगी में हसीना ख़ाला की हथेलियों को अपनी हथेलियों में थाम लिया। जैसे वो उनके स्पर्श और गर्मी से उनका कल का आना बिल्कुल पक्का कर लेना चाहती हों।

"देखूँगी, कल का दिन तो आने दो।" उन्होंने मुस्कुराते हुए कहा।

"मेरी तरफ़ से तो बस तुम हो। कल निक़ाह में शरीक होकर मेरी बच्ची को दुआ दे देना।"

वो बहुत अपनेपन से उन्हें राज़ी कर रही थीं। उनकी आँखें डबडबा गई थीं।

"देखती हूँ, कोशिश करूँगी आने की। अच्छा, अब चलती हूँ। हमें कहीं और भी जाना है।"

"थोड़ी देर और बैठो। मैं दहेज का सामान दिखाऊँगी।"

"नहीं, बस चलती हूँ। देर हो रही है।"

ये कहते हुए उन्होंने दो घूँट चाय अंदर गटकी और कप बराबर में रखती हुई बाहर निकल आईं। गौहर बी ज़ीने तक उनके साथ आईं।

एक ख़ामोशी पूरे घर में बरपा थी, पर उसके बावजूद घर ज़िन्दा था। बच्चों की धमा–चौकड़ी से।

वो जल्दी–जल्दी ज़ीना उतरते हुए नीचे आ गईं और चारों तरफ़ नज़र दौड़ाकर रिक्शे देखने लगीं। इन पतली गलियों में रिक्शा ही इकलौती सवारी है जो हिचकोले खाती हुई भीड़–भाड़ वाली जगह से निकाल सकता है।

यहाँ जब देखो तब कोई न कोई काम चलता ही रहता है। कहावत है कि दिल्ली की सड़क की खुदाई और ग़रीब मरीज़ की दवाई हमेशा चलती ही रहती है। कभी सड़क की मरम्मत करने के लिए पूरी की पूरी सड़क ही उधेड़ दी जाती है। मरम्मत और सुधार क्या हुआ ये तो किसी को पता नहीं चलता लेकिन गलियों की हालत जस की तस रहती है। बल्कि पहले से भी ख़स्ता हाल। कभी सीवरों की सफ़ाई तो कभी टेलिफ़ोन और केबल के तारों की खुदाई, काम कब तक चलेगा ये किसी को पता नहीं होता। सीवरों की सफ़ाई में महीना निकल जाता है और गार बाहर पड़ी–पड़ी सूखती रहती है। लेकिन फिर भी यहाँ बाहर घूमने वालों में कोई कमताई नहीं देखी जा सकती। नीचे दुकान ऊपर मकान – ये चलन आज का नहीं है। पुरानी पड़ती दुकानें, पुरानी पड़ती गलियाँ, पुराने पड़ते घर अपनी एक ख़ास आन के साथ यहाँ आज भी ज़िंदा दिखते हैं।

हसीना ख़ाला के भीतर जैसे कुछ कलप रहा था। ऐसी कौन सी उलझन थी जो उनके अंदर ही अंदर घट–बढ़ रही थी?

काफ़ी देर इंतज़ार करने के बाद आख़िरकार एक रिक्शा उनके पास आकर ठहरा। जब वो रिक्शे पर चढ़ रही थीं तो उन्होंने देखा कि उस रिक्शे में भी जगह–जगह जोड़ और मरम्मत के निशान हैं। उसकी सीट कई जगह से उधड़ी थी, जिस पर रेक्सीन की सिलाई कई बार की गयी थी। रिक्शे की टायरों पर गेटर और फच्चड़ों के जोड़ थे।

फिर उनकी आँखें उस अधेड़ रिक्शे वाले पर ठहरीं जो उनसे पूछ रहा था, "किधर चलना है बहन जी?"

उन्हें एक पल को लगा, उनकी तरह, दिल्ली की सड़कों की तरह, उस रिक्शे वाले की ज़िंदगी भी फ़ौरन मरम्मत और सुधार चाहती है। लेकिन ऐसे काम का ठेका भला कौन सी मुनिसिपैलिटी और सरकार किसी को देगी?

उन्होंने अपने दुपट्टे से चेहरे पर रिसते पसीने को पोंछते हुए कहा, "आगे चलो, जिधर मोड़ आएगा, मैं बता दूँगी।"

ख़ामोश सिलाई

ऊपर चढ़ते हुए आज उनकी आवाज़ ज़ीने तक नहीं आ रही थी। शायद रसोई में किसी काम में लगी होंगी। ऊपर दरवाज़े के पास पहुँचकर क़ायनात वहीं उनके रबर के पायदान पर ही खड़ी रह गई। हसीना ख़ाला दोनों पैरों के बीच तकिये को दबाए गहरी नींद में थीं।

क़ायनात ने घड़ी की तरफ़ निगाह दौड़ाई, जो दस बजा रही थी।

इतनी देर तक तो वो कभी नहीं सोतीं। उसने अपने मन में सोचा। मैं जब भी आती हूँ तो वो चाय पीती हुई, सफ़ाई करती हुई या रसोई में कुछ न कुछ करती हुई मिलती हैं। आज इन्हें क्या हो गया?

कुछ देर वो वहीं दरवाज़े पर खड़ी रही। बिना किसी आहट के। बस इसी उलझन में कि उनको फ़रिश्तों जैसी गहरी नींद से उठाए या नहीं?

आज तो घर भी बिल्कुल बासी पड़ा था। चादरों पर गहरी सिलवटें थीं। फ़र्श पर भी जैसे ही बाहर की रोशनी पड़ती, उस पर छाई हुई रेत चमकने लगती। रात के बरतन यों ही रखे हुए थे, बिना धुले। कूलर बंद था और उसके ऊपर रखे कप में बची–खुची चाय गहरे कत्थई रंग में बदलकर तलछट पर सूख गयी थी। कोने में सिलाई मशीन के पास कुछ अधसिले कपड़े धागों के साथ लिपटे हुए जैसे खुद भी सो गए थे...।

उनका भारी ज़िस्म उल्टे हाथ की तरफ़ करवट लिए तकियों के सहारे एक तरफ़ निढाल–सा पड़ा था। दरवाज़े के पास फ्रिज की बराबर में चाय का कप

सूख रहा था। शायद शहज़ाद जी चाय पीकर सुबह ही निकल गए थे। शहज़ाद जी लकड़ी का काम करते हैं इसलिए आठ बजे तक नहा–धोकर, चाय पीकर बाहर सड़क पर जाकर बैठ जाते हैं। बाहर से ही उन्हें कोई न कोई काम के लिए बुलाने आ जाता है। अगर काम मिला तो सुबह ही मिल जाता है, नहीं तो इंतज़ार में पूरा–पूरा दिन बस यूँ ही निकल जाता है।

सड़क के किनारे बैठे–बैठे समूचे दिन को गुज़रते हुए चुपचाप देखना। लोगों की आती–जाती भीड़, जो किसी काम की जल्दबाजी में, किसी से हाल–चाल पूछने तक का वक़्त ज़ाया नहीं करती, जैसे कोई इंसानी रेला बह रहा हो।

सुबह जल्दी उठकर, तैयार होकर, बाहर सड़क पर बैठने का शहज़ाद जी का यह रूटीन आज का बनाया हुआ नहीं है। सालों गुज़र गए इसी तरह ज़िंदगी को जीते। उनके बगल में उनका पुराना मटमैला झोला रखा रहता है जिसके भीतर उनके औज़ार – आरी, रंदा, कीलें, स्क्रू, छेनी, बसूला सब उनके साथ अपने लिए काम के इंतज़ार में ऊँघते रहते हैं।

जब उनको काम नहीं मिलता तो वे बीच–बीच में घर के चक्कर भी लगा लेते हैं। अगर काम मिल गया तो रात तक भी वो कहाँ हैं, ये किसी को पता नहीं चलता।

शहज़ाद जी को छोटी–छोटी चीजें ख़रीदने का बहुत शौक़ है। उनके सामने कोई छोटे–छोटे पैकेट या डिब्बे में दंतमंजन या सिर में लगाने का तेल बेच रहा हो तो वो उन्हें फ़ौरन ख़रीद लेते हैं। अगर उनकी जेब में पैसे हों तो, नहीं तो बहुत दिनों तक उन्हें इन चीज़ों के न ख़रीदने का मलाल रह आता है। क्या पता! उससे कोई फ़ायदा ही हो जाता।

एक बार उनके इसी शौक़ के चलते बशीर मियां ने उन्हें टोका – “शहज़ाद तुम्हारी फ़िज़ूलख़र्ची की आदत आज तक नहीं गयी। दुनिया से ख़ाली हाथ

जाने का वक्त नज़दीक आने लग गया और तुम पता नहीं किसके लिए ये फ़ालतू अटर–शटर चीज़ें खरीदते जा रहे हो।"

शहज़ाद ने बशीर मियां – जो कि मोहल्ले के ख़ासे आलिम बुज़ुर्ग समझे जाते थे – की आँखों में देखा और मुस्कुराते हुए कहा, "बशीर भाई, ख़ुदा ने जब इस दुनिया का तसव्वुर किया तो उसने एक भी चीज़ इसमें फ़ालतू नहीं बनायी। उसने जब इंसान को बनाया, तो उसके जिस्म में कोई चीज़ फ़ालतू नहीं बनायी। वैसे ही बशीर भाई, जब इंसान ने इस चंद रोज़ की फ़ानी दुनिया में अपने लिए कुछ चीज़ें ईज़ाद की, तो भी उसने एक भी चीज़ फ़ालतू नहीं बनाई। आप ग़ौर से देखो तो हर चीज़ का कोई न कोई इस्तेमाल है।"

शहज़ाद एक पल ख़ामोश रहे फिर उन्होंने कहा, "अब आप अपनी इस छड़ी को ही देखिए न। पुरानी पड़ चुकी है, नीचे से फट रही है। मुझे पूरा यक़ीन है आप अब नयी छड़ी लाएंगे और इसे फ़ेंक देंगे। मेरी गुज़ारिश है बशीर भाई कि आप इसे मेरे हवाले कर दें। ख़ुदा आपको बरकत देगा। दरअसल, हमारे घर की दीवाल में खूंटियों की सख़्त कमी है। कम अज़ कम पाँच उम्दा खूंटियाँ आपकी इस छड़ी में से पैदा होंगी, जिनमें हमारे कपड़े और झोले लटकेंगे।"

कहने की ज़रूरत नहीं कि बशीर मियां अपनी छड़ी संभालते तेज़ कदमों से वहाँ से रवाना हो गए। बुदबुदाते हुए कि शैतान को सलाह दो तो वो सिर पे बैठने लगता है। कैसा नामाकूल ज़माना आ गया है...।

एक बार की बात है, दोपहर के समय शहज़ाद जी घर आए। उनके हाथ में तेल का एक पाउच था। तेल वाले ने उनसे कहा था कि इससे सिर ठंडा रहेगा और बाल भी नहीं झड़ेंगे। बस फिर क्या था, शहज़ाद जी ने झटपट, न आव देखा न ताव, बस पाउच को कैंची से काटा और तेल को सिर पर मलने लग गए। वे बहुत खुश होते हुए बोले, "तेल बढ़िया है। उसने मुझे सब बता दिया

था कि सिर एकदम ठंडा हो जाएगा इससे।" उस तेल की तेज़ महक पूरे घर में फैल गई थी।

हसीना ख़ाला को उनकी इस हरकत से गुस्सा तो बहुत आया, पर वो उस समय कुछ बोल न पाई थीं। ये मौसम का असर था या तेल का – ये कोई नहीं जानता।

हसीना ख़ाला भी अपनी कुछ ख़ास तरह की आदतों को अपने साथ लेकर जीती हैं। गर्मियों में भी उनके जिस्म से कम्बल नहीं हटता। चाहे कितनी ही सड़ी गर्मी पड़ रही हो, वो कूलर नहीं चलाने देतीं। पंखा भी बहुत मुश्किल से चलाती हैं।

लेकिन अभी तो वो क़िसी नन्हीं सी बच्ची की तरह सब कुछ भूलकर फ़रिश्तों वाली नींद ले रही हैं। न जाने किन ख़्वाबों की वादियों में वो इस लम्हा घूम रही होंगी। सच है, जिसकी ज़िंदगी में जितनी तल्ख़ियाँ और मुश्किलात होती हैं, ख़ुदा उन्हें उतनी ही ख़ूबसूरत, दिलकश और हसीन सपनों की मिल्कियत बख़्शता है।

एक मक्खी बार–बार उनके मुँह पर आकर बैठ जाती और वो कुलमुलाने लगतीं। क़ायनात ने निश्चय कर लिया था, ज़ीने से उतरने का। बस वो नीचे उतरने ही वाली थी कि एकदम से हसीना ख़ाला की आँखें खुल गईं। वो क़ायनात की तरफ़ देखकर मुस्कुराईं। क़ायनात वहीं ज़ीने पर ठहर गई।

वह उन्हें 'नमस्ते' करती हुई कमरे में दाख़िल हुई और उनके क़रीब जाकर बैठ गई।

"आप अभी तक उठी नहीं?"

हसीना ख़ाला सहारा लेते हुए उठीं और दीवार के सहारे पीठ लगाकर वहीं

बैठ गईं। उन्होंने कहा, "मेरी तबीयत ठीक नहीं है।"

क़ायनात मन ही मन बुदबुदाई, "मुझे पहले ही समझ जाना चाहिए था कि वो इतनी देर तक क्यों सोई हुई हैं।"

फिर उनसे कहा, "अच्छा तो आप लेट जाइए।"

लेकिन हसीना ख़ाला ने कहा, "घर में अकेले पड़े–पड़े थक गई हूँ। अब मुझे बैठने दो।"

उन्होंने उँगली का इशारा किया, "देखो तकियों के उछाड़ कितने गंदे हो रहे हैं?"

क़ायनात ने बहुत सरलता से कहा, "कोई बात नहीं, जब आपकी तबीयत ठीक हो जाएगी तब बदल लीजिएगा।"

"नहीं, मेरा दिल घबरा रहा है इन्हें देख–देखकर।"

उन्होंने आगे सरक कर बराबर में रखी लकड़ी की अलमारी को खोला और धुले हुए उछाड़ ढूँढ़ने लगीं। उनके हाथ काँप रहे थे। पता नहीं उन्हें क्या लगी थी इस वक़्त तकियों के कवर बदलने की? उन्होंने थोड़ी खोजबीन के बाद धुले हुए उछाड़ खोज ही निकाले। वो अपने हाथ से ही सारे कपड़े संगवाकर रखती हैं और खुद ही भूल जाती हैं कि कहाँ, कौन से कपड़े रखे हैं।

तभी ज़ीने पर पायल की छन–छन की आवाज़ हुई। लाल सूट पहने दुबली–पतली सी एक लड़की अंदर कमरे में आई। उसके मुँह में पान था और गोद में एक बच्चा। दूसरे बच्चे का उसने हाथ पकड़ रखा था। कमरे में घुसते ही वो बोली, "अभी तक उठीं नहीं?"

"मेरी तबीयत ठीक नहीं। हिम्मत नहीं हो रही कुछ करने की। ज़मीन भी लरज़ती हुई नज़र आ रही है।"

"चाय बना दूँ?"

"मेरा मन नहीं कर रहा किसी चीज़ का।"

वो सुई में धागा डालकर तकियों के मुँह सिलने लगीं।

वो लड़की मुश्किल से पाँच मिनट बैठी और उठते हुए बोली, "मशीन भर देना पानी से। मैं शाम को आकर कपड़े धो जाऊँगी। अभी ज़रा जल्दी है। कहीं जाना है।"

वो जल्दी से दोनों बच्चों को लेकर ज़ीने से नीचे उतर गई।

उसके जाने के बाद हसीना ख़ाला जैसे और ज़्यादा निढाल हो गईं।

"इस वक़्त मेरी बहू होती तो मैं उसे हक़ से रोक लेती अपने पास। भला बहन की बहू पर क्या ज़ोर। ये मेरी अपनी होती तो चाय को पूछती नहीं बल्कि बना देती। ये दुनिया दर्द की नहीं, ग़र्ज़ की है।" ये बात उन्होंने बड़े नर्म लहज़े में कही जैसे किसी दूसरे से नहीं ख़ुद से ही बोल रहीं हों।

कमरा बहुत शांत था। बाहर की तेज़ आवाज़ें कभी–कभी कमरे तक चली आतीं और कुछ समय बाद ही वहाँ ख़ामोशी छा जाती। उनके हाथ लड़खड़ा रहे थे। आँखें नम थीं शायद तबीयत ख़राब होने की वजह से। वो सुईं से तकियों के मुँह बंद कर रही थीं। लग रहा था जैसे ये ख़ामोश सिलाई उनके मन के अंदर भी कुछ रफ़ू करती जा रही थी।

शाम उतरती आ रही थी। ज़ीने पर अंधेरा गहराने लगा था। क़ायनात को गए हुए भी काफ़ी देर हो चुकी थी। तभी वहाँ किसी के क़दमों की आहट सुनाई देने लगी। इस आहट को हसीना ख़ाला वर्षों से जानती हैं।

दरवाज़े पर शहज़ाद जी खड़े थे। उनका औज़ारों वाला झोला उनके कंधे पर लटका हुआ था, जादुई तेल के करिश्मे से चिकनी हो चुकी उनकी चाँद पर पसीना ऐसे झिलमिल कर रहा था जैसे किसी सहरा में पानी के नन्हे–नन्हे सोते फूट रहे हों।

हसीना ख़ाला ने देखा, शहज़ाद जी सहमे हुए अपने हाथ पीछे की ओर छुपा रहे थे। उन्हें गुस्सा आया। लगता है फिर फूंक आये कहीं कुछ आलतू–फ़ालतू चीज़ों पर। वो गुस्से में चिल्लाईं, "आपका बचपना कब ख़त्म होगा? यहाँ मेरी तबीयत का ये हाल है। कौन सा तूतमखामन का ख़ज़ाना ख़रीद लाए आज आप? हाथ आगे करिये....।"

शहज़ाद जी ने सचमुच किसी डरे हुए बच्चे की तरह अपने हाथों को आगे किया। उनके हाथों में तकिये के उछाड़ थे। शोख़, चमकीले रंगों के ग़िलाफ़। हरा, चटख पीला, गुलाबी, लाल, बैंगनी... क़ायनात के सारे रंग उनमें किसी इंद्रधनुष की मानिंद टंके हुए थे।

वे सारे रंग पहले हसीना ख़ाला के चेहरे पर गिरे। फिर उसके एक पल बाद उस उदास कमरे में बिखर गए। वहाँ रंगों की तेज़ बारिश हो रही थी। उनकी उंगलियों में सुई–धागा अटक गया था। वो मुस्कुराईं। शहज़ाद जी की चाँद पर पसीने की बूंदें मोतियों की तरह झिलमिला उठीं। उनका चेहरा किसी ऐसे डरे हुए बच्चे की मासूमियत से तर–ब–तर था जो आज फिर अपने घर देर से लौटा है और उससे कोई ग़लती हो गयी है।

दस्तरख़ान के बराबर में बैठीं हसीना ख़ाला और उनके शौहर, शाहिद जी किसी की लड़ाई का ज़िक्र करते हुए आलू की सब्ज़ी से रोटी खा रहे हैं। हसीना ख़ाला ने छोटी प्लेट में खिचड़ी निकालते हुए शाहिद जी से पूछा, "खिचड़ी खाओगे?" शाहिद जी रोटी की डलिया से रोटी बाहर निकालते हुए बोले, "चम्मच कहाँ है?'' हसीना ख़ाला खिचड़ी पर पुदीने की चटनी डालते हुए और मुँह सिकोड़ते हुए बोलीं, "चम्मच का क्या करना है? हाथ नहीं है"? शाहिद जी निवाला चबाते हुए बोले, ''अरे यार तुम तो मेरी चम्मच के पीछे ही पड़ जाती हो''। हसीना ख़ाला शाहिद जी की बात अनसुना करते हुए खिचड़ी में चटनी मिलाकर हाथों की उंगलियों से स्वाद ले–लेकर खाने लगीं। शाहिद जी रोटी खाते हुए हसीना ख़ाला को प्यार से देख रहे हैं लेकिन हसीना ख़ाला मगन हैं अपनी उंगलियों को चाटने में। वो मुस्कुरा कर बोले, ''अब क्या उंगलियां खाने का इरादा है"? हसीना ख़ाला उल्टे हाथ से अपनी नाक खुजाते हुए बोलीं, "इसका भी अपना ही मज़ा है। जानते हो उंगलियाँ ही हमारा खाना हज़म करती हैं।" शाहिद जी उनकी इस बात पर मुस्कुराते रहे और धीरे से अपने में ही बोले, "हसीना तुम माशा अल्लाह हो।"

वा अलयकुम अस्सलाम!

घर का आँगन ख़ाली था। बच्चे सो चुके थे। बाहर बल्ली में टँगा बल्ब बहुत तेज़ी से जलता हुआ अपनी पूरी छटा गली में बिखेर रहा था।

घड़ी पौने बारह बजा रही थी।

शाकि़रा और सुनकी ऊपर कमरे में एक बार की नमाज़ पढ़कर नीचे चादर पर लेटी अपने सुख–दुख बतिया रही थीं... और साथ में इसकी भी चर्चा हो रही थी कि रात में सहरी करने के लिये घर में क्या रखा है।

शाकि़रा छब्बीस–सत्ताइस साल की एक नौजवान ब्याहता है जिसके दो छोटे–छोटे बच्चे हैं। सुनकी, शाकि़रा की जेठानी है जिसके तीन बच्चे हैं। वे स्कूल में पढ़ते हैं।

पाँचों बच्चे सो चुके थे। तभी दरवाज़ा 'खड़ाक' की तेज़ आवाज़ के साथ अंदर की तरफ़ धकेला गया। दरवाज़े के दोनों पाट झट से खुल गए, जैसे एक घर की दो आँखें, जिन्हें कच्ची नींद से जगा दिया गया हो।

शाकि़रा के शौहर इज़हान अंदर कमरे में दाखि़ल हुए। उनके साथ एक जन और थे।

शाकि़रा और सुनकी अपने–अपने दुपट्टे सँभालती हुईं जल्दी से उठ बैठीं। वे दोनों अंदर कूलर के बराबर से निकलते हुए डबलबेड पर आ बैठे। सुनकी वहाँ से उठकर नीचे अपने कमरे में आ गई। शाकि़रा ने पानी का गिलास देते हुए पूछा, "पढ़ आए नमाज़?"

वा अलयकुम अस्सलाम!

इज़हान ने कहा, "हाँ पढ़ आया।"

शाक़िरा ने बाहर आकर गैस पर चाय का पानी रखा। उसकी बड़ी–बड़ी आँखें कुछ जानने को इधर–उधर डोलने लगीं। अंदर कमरे में कुछ खुसर–फुसर हो रही थी। शाक़िरा ने कुछ समझने के लिए अंदर मुंडी की तो चेचक के दाग़ों वाला शख़्स चुप हो गया। तभी इज़हान ने शाक़िरा की तरफ़ देखते हुए कहा, "चाय बन गई हो तो ले आओ।"

शाक़िरा ने चाय के पतीले में दूध उड़ेलते हुए जवाब दिया, "हाँ बस दूध डालकर लाती हूँ।"

चाय चार प्यालियों में निकाली गई। दो अंदर कमरे में चली गई और दो लेकर शाक़िरा नीचे अपनी जेठानी के पास जा बैठी। चाय की प्याली हाथ में पकड़ाते हुए बोली, "भाभी वो ऊपर जो 'इनके' साथ आया है, उसे तुम जानती हो?"

सुनकी चाय का घूँट भरते हुए बोली, "नहीं तो।"

शाक़िरा, "ये कैंची है।"

सुनकी, "कैंची! मतलब?"

शाक़िरा ने आँखों–आँखों में कुछ समझाते हुए कहा, "ये इनके साथ क्यों आया है?"

सुनकी, "आया होगा ऐसे ही। तू इतनी फ़िक्र क्यों कर रही है?"

शाक़िरा उठते हुए बोली, "भाभी मुझे फ़िक्र नहीं है। बस जो खुसर–फुसर कर रहे हैं, वो जान लूँ। मैं अभी आई।"

शाक़िरा धीरे–धीरे ज़ीने पर चढ़ी और ऊपर ही ज़ीने पर रुककर कुछ सुनने की कोशिश करने लगी।

हल्की टूटती आवाज़ में वो बस इतना ही सुन पाई, "पन्द्रह सौ रुपये, एक मोबाइल फ़ोन।"

शाकिरा अंदर दाख़िल हुई। इज़हान उस लड़के से बातें करते हुए बाहर ही निकल रहा था। इज़हान शाकिरा की तरफ़ देखते हुए बोला, "मुझे कुछ काम है। सुबह ही लौटूँगा। तुम सहरी कर लेना।"

शाकिरा ने 'अच्छा' में गर्दन हिलाई और कमरे में आ गई। कुछ सोचकर तेज़ी से पलटी, फिर ज़ीने पर आकर नीचे देखते हुए बोली, "इज़हान ज़रा बात सुनिए! ऊपर आइए।"

जाते–जाते इज़हान ने पलटकर देखा और कहा, "मुझे ज़रूरी काम है। बाद में बात करते हैं।"

अबकी बार शाकिरा सख़्ती से बोली, "इज़हान मेरी बात भी ज़रूरी है।"

शाकिरा की आँखों में तपिश थी। इज़हान को समझते देर न लगी कि शाकिरा कुछ–कुछ भाँप गई है। उसने दूसरे लड़के से कान के पास आकर आहिस्ता से कुछ कहा। उसके बाद वो लड़का बाहर की तरफ़ निकल गया और इज़हान ऊपर कमरे में आ गया।

शाकिरा बोली, "क्या माजरा है?"

इज़हान बेड पर बैठते हुए बोला, "कुछ भी नहीं।"

शाकिरा, "फिर कहाँ जा रहे थे, उसके साथ।"

इज़हान, "ज़रा बाहर तक होकर आता बस।"

शाकिरा, "ये मोबाइल फ़ोन और पंद्रह सौ की क्या बात है?"

वा अलयकुम अस्सलाम!

इज़हान, "अरे कुछ भी तो नहीं। वो कह रहा था एक मोबाइल है, जो पंद्रह सौ में बेचना है।"

शाकिरा, "इज़हान, मुझे इतनी भोली मत समझो।"

तभी ज़ीने पर से वही लड़का दोबारा आया और बोला, "इज़हान भाई चलना है तो चलो। नहीं तो फिर मैं किसी दूसरे ऑटो वाले को राज़ी करूँ। सारी रात यूँ ही निकलती जा रही है।"

इज़हान ने आँखों ही आँखों में कुछ इशारा देते हुए उससे कहा, "हाँ–हाँ तू चल। मैं ज़रा अभी देखता हूँ।"

ये सुनते ही लड़का बोला, "ज़रा जल्दी कर, बाहर इंतज़ार कर रहे हैं।"

ये कहते ही वो गुटके की पीक नाली पर मारकर बाहर निकल गया।

शाकिरा बोली, "अब मैं समझ गई, तुम क्या करने जा रहे हो?"

इज़हान झल्लाते हुए बोला, "अरे यार, ये काम है उनका। मुझे वो गाड़ी चलाने का मेहनताना देंगे, बस।"

शाकिरा, "इन्हें ऊपर वाले का खौफ़ नहीं रहा, जो आज भी ये काम करेंगे?"

इज़हान, "ये आज की रात की बात नहीं है। ये उनका काम है बस।"

शाकिरा, "तो उनके इस काम में तुम क्यों शामिल होने जा रहे हो?"

इज़हान, "मैं नहीं जाऊँगा तो कोई और चला जाएगा।"

शाकिरा, "तो जाने दो किसी और को, तुम्हें जाने की क्या पड़ी है?"

इज़हान, "यार, किराए की गाड़ी चलाने में मिलता ही क्या है? एक रात के

पंद्रह सौ क्या बुरे हैं?" साथ में एक मोबाइल भी है। उस पर तुम अपने घर रोज़ाना बात करती रहना।"

शाकिरा, "मुझे किसी से बात नहीं करनी। बिना बात किए मर नहीं जाऊँगी।"

इज़हान उठकर अपनी कमीज़ ठीक करते हुए बोला, "अरे यार, तुम तो ख़ामख़्वाँ की बहस कर रही हो।"

शाकिरा उठते हुए बोली, "मैं बहस नहीं कर रही इज़हान, पर आज मैं तुम्हें कहीं जाने नहीं दूँगी।"

इज़हान पैरों में चप्पल डालते हुए बोला, "अपना कमाता हूँ, अपना खाता हूँ। सिर पर बैठने की कोशिश मत करो।"

ज़ीने से नीचे उतरते हुए उसने बिना सिर घुमाए सख़्त आवाज़ में कहा, "भाभी, शाकिरा के साथ ही नमाज़ पढ़ लेना। वो तुम्हारा इंतज़ार कर रही है, ऊपर।"

शाकिरा ज़ीने पर खड़ी–खड़ी उसे गली में जाते हुए देखती रही। इज़हान ने पलटकर नहीं देखा।

भाभी नीचे वाले कमरे का दरवाज़ा लगाती हुई ऊपर ज़ीने पर चढ़ीं। फैज़ अब तक जाग गया था। शाकिरा उसे गोद में उठाकर दोबारा सुलाने की कोशिश करने लगी। सड़कों पर चाय की देगचियाँ और अलग–अलग तरह के खानों के खोमचे महक रहे थे।

इस शब–ए–बरात को हसीना ख़ाला का एक अहम रोल होता है, जिसे वो दिल से निभाती हैं। पहले तो सल्लू भाई का कारख़ाना ख़ाली रहता था। तो सारी औरतें वहीं चादर बिछाकर बैठतीं थीं। लेकिन ये 'दो हज़ार आठ' कुछ ख़ास नहीं रहा सल्लू भाई के लिए। उनका इस साल डिब्बों का काम कुछ ठीक नहीं चला इसलिए उन्होंने अपना कारख़ाना किराए पर उठा दिया।

सल्लू भाई बहुत हँसमुख इंसान हैं। क़द भले ही नाटा है, पर दिल बहुत बड़ा है। बिना कहे ही चाबी हाथों में थमा जाते थे, हर साल। लेकिन इस साल वो भी क्या कर सकते हैं। घर में बीवी और दो बच्चे हैं। उनको भी तो देखना है।

कारख़ाना न सही भाई उवैज़ का कमरा ही सही। भाई उवैज़ का तो बहुत साल पहले इंतक़ाल हो गया। कहते हैं कि वो ख़ुद तो थे कम उम्र के और इश्क़ कर बैठे थे अपने से बहुत बड़ी उम्र की औरत से। सुना है कि उस औरत ने ही उन पर कुछ मंतर फेर दिया था, जिससे उनका दिमाग़ घूम गया। उनके बाद उनके छोटे भाई अलीहा ने कारख़ाना सँभाला, जिसमें उन्होंने उवैज़ भाई के करीबी दोस्त सिद्दीकी की मदद ली। लेकिन सिद्दीकी जी ने भी माल की डिलीवरी में खूब धाँधली मचाई और भाई अलीहा कर्ज़े में डूबते चले गए।

एक दिन ऐसा आया जब कारख़ाने की कुर्की हो गई और इस जगह को छोड़ते हुए उन्हें अपनी मोहब्बत को भी छोड़ना पड़ा। वैसे अलीहा ने रुहीना के अब्बा से अकेले में बात की थी और अपने दिल का पूरा हाल सुना डाला था। और तब हुई थी उनकी ज़ोरदार पिटाई। पर इन्होंने भी दृढ़ निश्चय कर लिया था कि जब तक बाप का दिल नहीं पसीजेगा मैं यहाँ से कहीं नहीं जाऊँगा। लेकिन कारख़ाना नीलाम होने के बाद अपने बैठने की जगह तो जाती रही और अब अलीहा भाई को यहाँ मुँह भी कौन लगता? बस हो गया अलीहा भाई का पत्ता साफ़। इसके बाद ये कारख़ाना कई हाथों में बिका पर भाई उवैज़ के बाद यहाँ कोई टिक नहीं पाया।

अब ये कारख़ाना नहीं, कमरा कहलाता है। जिन्होंने इसे ख़रीदा है वो यहाँ नहीं रहते लेकिन चाबी सुक्खी भाभी के हाथ दिये रखते हैं, ताकि कोई सर्वे या इन्क्वायरी वाला आये तो वो करवा दें। इस बात का फायदा सुक्खी भाभी बख़ूबी उठाती हैं। उनका आधे से ज़्यादा काम भाई उवैज़ के कमरे में ही होता है, जैसे ये उनकी ही मिल्कियत हो।

लोग बदले, नाम बदले, कई हाथों में ये कारख़ाना बिका पर नाम आज भी उवैज़ भाई का चलता है। इस नाम से ही इस कमरे को जाना जाता है। भाई उवैज़ चले गये पर अपना अमिट नाम इस जगह छोड़ गये।

देर रात सुक्खी जी ने कमरा खोल दिया। फ़र्श की भी धुलाई कर दी। नीचे एक बड़ी साफ़ चादर बिछाई गई। हसीना ख़ाला अपनी पूरी मंडली के साथ कमरे में दाख़िल हुईं। धीरे–धीरे सब औरतों ने सुक्खी जी की टंकी से वज़ू किया। वैसे सुक्खी जी किसी को भी टंकी को हाथ लगाने नहीं देतीं, पर आज उन्होंने सबके लिए टंकी की टोंटी खोल दी। इस बार कमरे में औरतों और लड़कियों के साथ–साथ कई बच्चियाँ भी मौजूद थीं। उन्होंने सबकी नियत बँधवाई और नमाज़ पढ़वाना शुरू किया।

ये सिलसिला कुछ–कुछ समय के बाद रुकता, जिसमें एक बार की पूरी नमाज़ पढ़कर सब सुस्ताने के लिए नीचे चादर पर आराम से बैठ जातीं। जब तक नमाज़ पढ़ी जाती है, तब तक पूरे कमरे में सुकून पसरा रहता है। रात कितनी भी गहराये पर उसके हल्के पड़ने का समय आ ही जाता है।

सुबह भोर के वक़्त सहरी करने का भोंपू बजा। एक ज़ोर की सीटी। चादरों को लपेट सब अपने–अपने घर की तरफ़ सिमटने लगे। वो भी गली में मुड़ीं, घर की तरफ़ आने के लिए। सामने से इज़हान उनकी तरफ़ आते हुए बोले, “अस्सलाम, अलयकुम।”

जैसे एक–दूसरे से उनकी कोई पहचान ही न हो। “वा अलयकुम अस्सलाम” ये कहते–कहते दोनों ही अपनी–अपनी राह को हो लिए।

हाँ, इज़हान के दिख जाने से सड़क पर चलते उनके क़दम कुछ धीमे और भारी हो गए।

गली को देखते काले नैन

जब से वो आई उसका कमरा घर लगने लगा था।

सामने ख़िड़की में टँगी आलू, टमाटर, प्याज़, दाल–चावल की थैलियाँ, नीचे मुंडेर पर रखा हॉर्लिक्स का डिब्बा, कंघा, तेल की शीशी और कप पर चिपकी मोमबत्ती – ये सब मिलकर एहसास कराते कि अब घर बनने लगा है।

वो चुप ज़रूर रहती थी लेकिन बातों को गहराई से समझना उसकी फ़ितरत में था।

हसीना ख़ाला का ऊपर जाना तब होता जब उसकी नाफ़ उतर जाती या कुछ और काम होता। कई बार लोगों ने हसीना ख़ाला से जानना चाहा कि आख़िर ये कौन है? कहाँ से आई है? इन सब सवालों पर वो बस इतना ही कह पातीं, "अरे भई, कोई भी है, आराम से रह रही है तो उसे रहने दो। न तो हमारा खाने आ रही है, न माँगने आ रही है। तो उसकी टोह लेकर क्या करोगे?"

उस समय उनकी वज़नी ज़ुबान उनकी देह से भी ज़्यादा वज़न लिए होती। उनकी ये बात सुनकर लोग उस समय छिटक ज़रूर जाते, लेकिन दूसरों की ज़िंदगी में ताक–झाँक की आदत इतनी आसानी से जाती कहाँ है? वो तो हमेशा से ऐसी ही थीं, हँस–मुख और प्रेम से जीने वाली। अपनी ज़िंदगी वैसे ही जियो, जैसे आप जीना चाहते हो। वो अपने जीवन में किसी की रोक–टोक को जगह नहीं देतीं और न ही किसी दूसरे के जीवन में अंकुश या सेंध लगाने की कोशिश करतीं।

अक्सर दिन में पता ही नहीं चल पाता कि इस घर में कोई फ़ाकिहा नाम की लड़की भी रह रही है। बिजली हो या न हो, फ़ाकिहा ऊपर ही रहती। सबकी नज़रों से ओझल। बस, उसके दो काले नैन जंगले से नीचे झाँकते रहते।

कई दिन यूँ ही गुज़रे। गर्मियों की तपिश में मोहल्ले की औरतें गली में बैठकर पंखे झलतीं। फ़ाकिहा भी अब धीरे–धीरे नीचे उतरने लगी थी। पहले तो वो ज़ीने पर ही खड़ी सबको देखती रहती। फिर ज़ीने पर बैठने लगी। उसके बाद कभी–कभार गली तक निकल आती। धीरे–धीरे वो वहाँ खड़ी होकर औरतों की इधर–उधर की बातें सुनने लगी।

अपने घर की चौखट पर बैठी क़ायनात उसे देखती। कई बार ऐसा हुआ कि वो उसे देखकर मुस्कुराई भी। फिर धीरे–धीरे बातों का दौर शुरू होने लगा।

जब भी लाइट जाती वो भी उन्हीं की चौखट पर बैठने चली जाती और क़ायनात से कहती, "तुम्हारा घर बहुत अच्छा है, एकदम कोने में। यहाँ जल्दी कोई बाहर का आदमी नहीं झाँक सकता। हमारा एकदम ख़राब है, बीच में फँसा हुआ। धीमे से कुछ भी बोलो तो सबको सुनाई दे जाता है।"

उसकी इस बात पर क़ायनात हँसती और कहती, "अगर यहाँ कुछ होगा तो सुनाई तो वहाँ भी पड़ेगा न!"

इस पर वो कहती, "नहीं तुम्हारा फिर भी अच्छा है। हम तो फँस गए।"

वो ये कहती और चुप हो जाती और गली में बैठी सब औरतों को देखती रहती। एक बार उनमें से एक की तरफ़ इशारा करके उसने पूछा, "वो कौन हैं?"

क़ायनात ने गर्दन उचकाकर उस तरफ़ देखा और कहा, "अच्छा वो? वो बीचा हैं। उनका नाम कुछ और है पर लोग उन्हें बीचा कहते हैं क्योंकि ये पानी बहाती रहती हैं, पर नली किसी को नहीं देतीं। कोई इन्हें पसंद नहीं करता।

लेकिन लड़ाकू होने के कारण सबको उनसे बोलना तो पड़ ही जाता है। ये इधर–उधर बातें बहुत फैलाती हैं। समझ लो चलती–फिरती मोबाइल फ़ोन हैं।"

उसकी बात सुनकर फ़ाकिहा ने कहा, "तभी ये इतने सवाल करती हैं और कान हमारे ज़ीने पर ही लगाए रखती हैं।"

दोनों इस बात पर खिलखिलाकर हँस पड़ीं।

क़ायनात और फ़ाकिहा की कई मुलाक़ातें हसीना ख़ाला की चौखट पर ऐसे ही बीतीं – मोहल्ले की इंक्वायरी करते हुए। फ़ाकिहा घुलने–मिलने वाली लगती थी फिर भी पता नहीं क्यों वो अपना पूरा दिन कमरे के अंदर ही बिता देती।

एक बार क़ायनात नाखूनों पर नेल्सपेंट लगा रही थी तभी फ़ाकिहा आ गई और बाहर खड़ी हो गई। क़ायनात की नज़र जैसे ही उस पर पड़ी वो अंदर आकर पास में बैठ गई।

उसने पूछा, "लगाओगी?"

वो हाथों को दोनों तरफ़ हिलाती हुई बोली, "बाबा! एक बार हमने अपने गाँव में लगा लिया था। हमारे बापू ने लोढ़े से हमारी उँगलियाँ ही कुचल दी थीं। एक नाखून भी टूट गया था जो अब तक भी ठीक से नहीं आता। ये देखो!" कहकर उसने अपना पैर आगे कर दिया।

उसकी एक उँगली में नीलापन था, जो नाखून के अंदर तक आया हुआ था। क़ायनात ने उसके नाखून की तरफ़ हमदर्दी से देखते हुए कहा, "तो यहाँ कहाँ हैं तुम्हारे बापू? अब तो लगा ही सकती हो?"

उसकी आवाज़ में उदासी न जाने कहाँ से चली आई थी, "हाँ वो यहाँ कहाँ?"

क़ायनात उससे पूछ रही थी, "तुम्हें याद आती है उनकी?"

उसने एक उदास हँसी के साथ जवाब दिया था, "हाँ अपनों की याद तो आती ही है।"

"तो यहाँ आई क्यों....?" ये सीधा सवाल था फ़ाकिहा का।

वो नीचे कुछ खोजते हुए बोल रही थी, "मत मारी गई थी मेरी।"

फ़ाकिहा की बातों में अब टशन आ गया था, "फ़रहान ले आये थे क्या?"

उसने कुछ याद करते हुए संजीदगी से कहा, "ना, फ़रहान से तो मैं दिल्ली आकर मिली।"

फ़ाकिहा आगे कुछ बोलती, तभी दरवाज़े का कुंडा बजने की आवाज़ आयी। कोई आ गया था शायद। अपनी बात अधूरी ही छोड़कर वो चुपचाप उठकर चली गई।

वो जब भी आती कोई जिज्ञासा अंदर जगा जाती। क़ायनात उसे पूरी तरह से जानना चाहती थी। भीतर–बाहर, हर तरफ़ से। वो कहाँ से आई? क्यों आई? कैसे आई? फ़रहान से कैसे मिली? ये सवाल वो चाहती थी बातों–बातों में करने का, पर कोई न कोई टपक ही जाता। फ़रहान में किसी को कोई दिलचस्पी नहीं थी कि वो कौन है, कहाँ से आया है। लेकिन फ़ाकिहा के आने से सबको इन्हें जानने की गहरी उत्सुकता पैदा होने लगी।

फ़ाकिहा ये जानती थी कि इस मोहल्ले के कई लोग उसकी ज़िंदगी में जासूस बनकर एंट्री ले रहे थे। लेकिन यहाँ, इन सबसे अलग, कोई एक ऐसी भी थी, जो बिना कुछ पूछे, उसकी ज़िंदगी के भीतर तक, चुपचाप चली आ रही थी। उसकी तमाम छुपी तहों और परतों को हटाती हुई। वो थीं – हसीना ख़ाला।

कभी फ़ाकिहा बीमार पड़ती तब वो आतीं, उसे दवाई दिलवातीं और कुछ देर उसका मन हल्का कर चली जातीं। न जाने ज़िंदगी का वो कौन सा बारीक तार था जो फ़ाकिहा और हसीना ख़ाला को जोड़ देता था।

फ़ाकिहा अब यहाँ नहीं है। बहुत समय हुआ उसे यहाँ से कमरा ख़ाली किए हुए। लेकिन ऊपर खिड़की की ओर नज़र डालो तो लगता है जैसे फ़ाकिहा अब भी अंदर है और अपने काले नैनों से नीचे झाँक रही है। देख रही है इस गली को, दूर दिखती अस्पताल की दीवार को, अलग–अलग मौसम को झेलती छतों को और इस गली में आने वाले नये चेहरों को।

दस दिन के हुड़दंग के बाद आज समय आ गया झूलों के ज़मीन पर उतरने का। दिन की धूप में शिद्दत की तेज़ी है। लोग अपने सामानों को धीरे–धीरे समेट रहे हैं। बड़े–बड़े पोटले सामानों से बंधे पड़े हैं। पूरी जगह में धूल, शोर, गर्मी और दूसरी किसी जगह में इस मेले को सजाने की चाहत – यहाँ मौजूद हर शख़्स में देखी जा सकती है। वहीं सबके बीच खड़ी हसीना ख़ाला बहुत ध्यान से उस दुकान को खोजने की कोशिश में हैं जहाँ उन्होंने कई दिन पहले फ़ोटो खिंचवाई थी। उनके हाथ में बंद फ़ोटो की रसीद पसीज चली है। पूरी जगह जैसे अपने छोटे–छोटे बनाये आकारों से आज़ाद हो गई हो। हसीना ख़ाला के लिए उस दुकान को ढूंढ़ पाना मुश्किल हो चला था।

मुग़ालते का शिकार

सुरमेदानी में लगा आईना उनकी आँखों में चमचमा रहा था। पीछे का अक्स उसमें कब उभर आया – ये वो जान ही नहीं पाई थीं। कटारी सी दो आँखें उस आईने की चमक में बिना वजह ही उन दो आँखों से टकरा जातीं, जो उनसे आगे खड़ी तस्बीहों और आयती प्यालियों का जायज़ा ले रही थीं।

बाज़ार की सरगर्मी बढ़ती जा रही थी और साथ–साथ यहाँ खुली दुकानों, नीचे ज़मीन पर लगी पटरियों पर उमड़ती भीड़ भी। इसी के साथ बोलियों का हल्ला–गुल्ला पूरे माहौल में रचता–बसता जाता।

हर जगह की अपनी अहमियत और ख़ासियत होती है और शायद इन बाज़ारों की ख़ासियत यहाँ की चीख–पुकार, चहलक़दमी, चढ़ते–घटते भावों पर ही टिकी है। बाज़ार हर शख़्स को अपनी जेब के मुताबिक़ ही नज़र आता है। जिसकी जेब भरी हो, उसके लिए सारा बाज़ार उसकी हथेली जितना छोटा, जिसे वो अपनी मुट्ठी में समेट सकता है और जिसकी जेब ख़ाली हो, उसके लिए विशाल कीमती सागर की तरह, जिसे वो देख तो सकता है, पर समेटने के लिए उसका दामन बहुत छोटा पड़ जाता है।

यूँ तो बाज़ार की अपनी ही दुनिया है, जिसमें हर दुकानदार ख़रीदार के पहनावे, बोलचाल के ढंग से ये तो ज़रूर जान लेने की कोशिश करता है कि ये किस तबके से आया है और उसे उसी अंदाज़ में देखने की कोशिश करता है। बहुत बार वो ठीक भी होता है पर कई बार वो मुग़ालते का शिकार हो जाता है।

हर दुकानदार को जल्दी होती है अपने ग्राहक को पटाने की, लेकिन हसीना ख़ाला जब किसी चीज़ को देखने के लिए खड़ी होती हैं, तो बड़े ही इत्मीनान से उसकी क्वालिटी को जाँचने–परखने की कोशिश करती हैं।

फ़िलहाल वो मुरादाबादी पीतल का केतली सेट देख रही हैं, जिसमें वो हर एक गिलास को हाथ में रखकर उसके वज़न का अंदाज़ा लगा रही हैं और उसके गोल किनारों पर अपनी पतली उँगलियाँ फेरते हुए ये जाँच रही हैं कि कहीं ये किनारे खुरदुरे तो नहीं है। यदि ऐसा हुआ तो कभी चाय या शरबत पीते हुए लबों को ही न काट दें।

वो धूल में छिपी उसकी चमक को अपने आँचल से पोंछकर ये तय कर लेना चाहती हैं कि माल अभी कोरा है। वो बार–बार इस प्रक्रिया को हर बर्तन के साथ दोहरातीं, बिना थके। चाहे उन्हें वो चीज़ भले ही कितनी और दुकानों पर देखनी पड़े, लेकिन उनका ये जाँचना और आँकना निरंतर चलता रहता।

ये दोहराना हर बार एक नये जोश के साथ आता है। इस बीच हर दुकान के रेटों पर भी फ़र्क़ पड़ता है। कई बार दुकानदार चाल चलते हैं और शुरू से लेकर आख़िर तक एक ही रेट बनाकर चलते हैं। लेकिन जब कॉम्पीटीशन की बात आती है तो चाहे कितना भी फ़र्क करना पड़े दुकानदार को अपना माल निकालने के लिए, वो करेगा ही।

हसीना ख़ाला कहती हैं, "कभी भी ये मत सोचो कि एक ही दुकान से सामान लेकर चले आना है। जिस चीज़ में तुम्हें लगता है कि कमती–बढ़ती की गुंजाइश हो सकती है, तो उसे ज़रूर और दुकानों पर भी घूम–घूम कर पता कर लेना चाहिए।" तभी तो उन्हें ख़रीदारी के मामले में कितना भी घूमना पड़े वो घूम लेंगी पर रेट और क्वालिटी के साथ कभी समझौता नहीं करेंगी।

एक बार वो सूट का कपड़ा ख़रीद रही थीं। कपड़े की बाट पर सुनहरी पेंट से बहुत ही दिलकश डिज़ाइन बना था, जिसे देखकर आँखें ख़ुद–ब–ख़ुद उस

सूट की तरफ़ आकर्षित हो रही थीं।

हसीना ख़ाला ने दुकानदार से कहा, "भैया, ये तो पानी पड़ते ही छूट जाएगा?"

दुकानदार कपड़े को बेहतर ढंग से दिखाते हुए बोला, "नहीं बहनजी, कैसी बात कर रही हो? अगर हम ऐसा कच्चा माल बेचेंगे तो हमें यहाँ कौन ठीया लगाने देगा? इसकी गारंटी है, ये नहीं हटेगा, अगर हटा तो हम वापस करेंगे।"

हसीना ख़ाला तल्ख़ी के अंदाज़ में बोलीं, "तो हम दोबारा यहाँ भाड़ा लगाकर आएँगे? क्या आप हमें किराया देंगे, दोबारा यहाँ आने का?"

अब दुकानदार खिसियाते हुए बोला, "अरे हम कह रहे हैं न, ये हटेगा ही नहीं तो दोबारा आने का तो सवाल ही नहीं होता।"

हसीना ख़ाला बोलीं, "अच्छा जी।"

हसीना ख़ाला ने एक नज़र उनकी तरफ़ देखा और फिर पानी की बोतल खोलकर उसमें से चंद क़तरे पानी के उस कपड़े की बाट पर डाले। अपने सीधे हाथ के अँगूठे से ज़ोर देते हुए उन्होंने उस नन्हीं सी बूँद को कपड़े पर रगड़ा। जैसे ही उन्होंने रगड़ देकर अपना अँगूठा कपड़े से हटाया तो जहाँ तक उस पानी और इनके अँगूठे की रगड़ लगी थी वहाँ तक सुनहरी पेंट ग़ायब हो चुका था।

हसीना ख़ाला अपना अँगूठा दुकानदार को दिखाते हुए बोलीं, "और साफ़ करूँ या बहुत है?"

दुकानदार थोड़ा झेंपते हुए बोला, "अरे बहनजी, आप तो हमारी रोज़ी–रोटी चौपट करवाएँगी। आपको मैं कुछ और दिखाता हूँ।"

हसीना ख़ाला मुस्कुराते हुए बोलीं, "अरे भैया, ख़ुदा सबकी रोज़ी–रोटी सलामत रखे। बस अब रहने दो।"

उसकी स्लेट

आजकल तो मौसम के मिज़ाज का भी कुछ पता नहीं चलता। कभी अचानक मनों के हिसाब से पानी बरसाने पर उतारू हो जाता है और तर कर देता है सब कुछ और कभी हफ्तों गुज़र जाते हैं, आसमान बिना बादलों के धूप में जलता रहता है। कहीं पानी की एक बूंद तक नहीं टपकती।

कहने को तो ये जगह पक्के घरों से भरती जा रही है पर यहाँ अब भी कच्चे घरों की कमी नहीं। जब पानी बरसता है तो ऊपर से कम और इन गलियों में लटकती तिरपालों में इकट्ठा हो–होकर ज़्यादा गिरता है। बारिश रुक भी जाये फिर भी फुहारें पड़ती रहती हैं। फ़िलहाल तो बारिश बंद है पर कहा नहीं जा सकता वो कब पानी की मोटी–मोटी बूदें गिराकर छतों, गलियों, मुंडेरों और घरों को तरबतर कर दे।

ऐसे मौसम में हसीना ख़ाला कपड़ों की तह लगाने में लगीं थीं पर उनकी नज़रें बार–बार बाहर की तरफ़ चली जा रही थीं।

बादल भी बरसात में कैसी–कैसी शक्लें उभार लेता है। कभी तो उसकी स्लेट पर बनती–उभरती तस्वीरें पल–पल में बदलती रहती हैं और कभी बहुत दिन यूँ ही गुज़र जाते हैं, उसकी स्लेट पर बस एक ही रंग दिखता है। तब आँखें उसमें कुछ आस तलाशती हैं।

इस बार तो इसने हद कर दी। रुकने का नाम ही नहीं ले रहा। रात से गरजने–बरसने पर उतारू है और अभी तक मौसम साफ़ नहीं हुआ। दम–दम

में अपना प्यार बरसाने लगता है। इस प्यार की तादाद इतनी बढ़ गई है कि अब दीवारों, घरों में भी सीलन आने लगी है। छतों के गीले गाल जैसे अब चाहते हों सूखना पर अभी क्या पता कितने दिनों तक घरों के आईने यूँ ही पसीजे रहेंगे।

आसमान में दोबारा कालापन छा रहा है। लगता है जैसे वहाँ स्याही से भरी कोई दवात उलट गयी हो। लगता है कि कुछ होने वाला है। तभी दरवाज़े पर किसी के आने की आहट हुई। उनकी नज़रें ज़ीने पर रुक गईं। हाथ का कपड़ा हाथ में था।

एक शख़्स कमरे में दाख़िल हुए। दिखने में लंबा, गाल अंदर को पिचके, उम्र लगभग अधेड़, लेकिन जनाब अपने आपको किसी छैल–छबीले नौजवान से कम नहीं मानते।

"अस्सलाम अलयकुम।"

उन्होंने आगे के कपड़े अलमारी में रखते हुए सलाम का जवाब सलाम में दिया।

"वा अलयकुम अस्सलाम।"

"हसीना ख़ाला जल्दी चलो मेरी बीवी के दर्द उठ रहे हैं।" उन्होंने अपने मन की बात कहने में तनिक भी देर न लगाई। शायद ये मौक़ा ही ऐसा था।

"तो उसे अस्पताल ले जाओ।" वो बहुत बेफ़िक्री के साथ बोलीं।

"अस्पताल वालों ने जवाब दे दिया। वो उसे भर्ती नहीं कर रहे। टीबी बहुत बढ़ गई है।"

वो अटक–अटक कर अपनी सारी बात बोल गए।

"जब डॉक्टरों ने जवाब दे दिया तो मैं क्या कर लूँगी इसमें?" वो हैरत से बोल रही थीं।

"ऐसा मत कहो हसीना ख़ाला। मैं कहाँ लेकर जाऊँ उसे?" उनके लहज़े में इल्तजा थी।

कुछ ऊँच–नीच हो गई तो मैं कहीं मुँह दिखाने लायक़ नहीं रहूँगी।"

"ऐसा मत कहो हसीना ख़ाला। आप संभाल लोगी।" वो अपने भरोसे में उन्हें रज़ामंद कर लेना चाहते थे।

"भैया पहले चार आदमी इकट्ठा कर ले। जब बड़े–बड़े अस्पतालों ने भर्ती नहीं किया तो मेरी क्या औक़ात?" वो इस समय जैसे समझा सकती थीं, समझा रही थीं।

"हाँ मुझे मंजूर है। बस तुम चलो।"

"ठीक है। तो तू जा मैं आती हूँ।" वो वहीं रुक गईं।

वो शख़्स थोड़े घबराये से चप्पलें पैरों में डाल धप–धप करते हुए ज़ीने से नीचे उतर गए। बारिश पड़ने लगी और देखते–देखते तेज़ हो गई।

नीचे से एक तेज़ आवाज़ आई, "हसीना ख़ाला जल्दी आओ।"

"या खुदा, तू ही मददगार है। अब सब कुछ तेरे हाथ है।" वो सिर से दुपट्टा ओढ़ते हुए नीचे उतर गईं।

बारिश की कल–कल पूरे ज़ोरों पर होने लगी।

छतों पे चढ़े आदमी और औरतें बरसाती को ठीक से बिछाने में लगे थे। पानी

तिरपालों के काले रंग को चमकदार बना रहा था। हवा के झोंके इतनी तेज़ आते कि कंपकंपी छूट जाती पर हाथ जैसे फटाफट तिरपाल को ठीक से जमा लेना चाहते थे। देखते ही देखते तिरपालों को ठीक से बिछाकर, उस पर बड़े–बड़े पत्थर रखे जाने लगे, जिससे वह तेज़ हवा या आँधी के झोंके में उड़ न जाये। जिस्म का रोंआ–रोंआ ठंडक से काँप रहा था और अब नीचे उतर जाने का समय भी आ गया था।

बारिश के साथ–साथ हवा के झोंके तेज़ होते जा रहे थे। गलियों में पानी का रेला बह रहा था। ठंडक जिस्म में सिहरन पैदा कर रही थी। आँखों के सामने कुछ साफ़–साफ़ दिखाई नहीं देता था। ऐसे बिगड़े हुए मौसम में तो अस्पताल के एंबुलेंस का ड्राइवर भी कहीं आने–जाने में आनाकानी करने लगता है, डॉक्टर–नर्स की तो बात ही छोड़ो।

लेकिन हसीना ख़ाला, पानी की बौछारों की मार को अपने जिस्म पर झेलती, गलियों में बहते मटमैले पानी में छप–छप अपने पैर रखती, उस शख़्स के पीछे–पीछे चलती जा रही थीं।

वो ये भूल गयी थीं कि इन संकरी गलियों में कहीं–कहीं गहरे गड्ढे भी बहते हुए पानी के रेले के नीचे छुपे होते हैं... और कभी–कभी तो बिना ढक्कन वाले मैनहोल भी। अगर धोखे से कहीं वहाँ पैर पड़ा तो बाहर निकलना मुश्किल।

"या, नूर–ए–इलाही, रहम कर!" उन्होंने धीमे से कहा और क़दमों को तेज़ कर लिया।

बाज़ार में एकदम से भगदड़ मच गई। क्या हुआ कुछ समझ नहीं आ रहा। सब भाग रहे हैं। कपड़े वाले अपने कपड़ों के गट्ठर अंदर दुकानों में घसीट रहे हैं। दुकानों के आगे लगे छोटे–मोटे खोमचे आज अपना वज़न खो चुके हैं। लोग उन्हें हाथों में ऐसे उठाए इधर से उधर दौड़ रहे हैं जैसे उनका कोई वज़न ही न हो। एक बड़ी–सी गाड़ी और उसके पीछे लंबी कतार लगी है, रिक्शों की। वो एक–दूसरे में हुक की तरह अटके हुए बेसहारा से उस कमेटी की बड़ी गाड़ी के पीछे घिसट रहे हैं। हसीना ख़ाला भी चलते–चलते इस भागमभाग में कहीं रुक गईं। वो मुस्कुराती हुई एक बैग वाले से बोलीं, "यहाँ खड़े मत रहो। ये जो सामने पतली गली देख रहे हो इससे अंदर निकल जाओ। थोड़ी देर में मामला शांत हो जाएगा।" वो शख़्स घबराहट छुपाते हुए बोला, "हम अभी नए हैं इस काम में।" हसीना ख़ाला हाँ में गर्दन हिलाती हुई बोलीं, ''जानती हूँ।'' और फिर वो आगे बढ़ गईं।

दिल कुछ और नहीं चाहता

आज का दिन थोड़ा बुझा–बुझा सा था। ये मौसम का असर था शायद। गर्मी जान निचोड़ने में कोई कमी नहीं छोड़ रही थी।

ये बस्ती की लम्बी गली है, जो बाहर सड़क से सीधी आती हुई कल्लू राशन वाले के यहाँ से सीधे हाथ को रुकती है। ये गली बाहर से नल वाले चौक पर आकर रुकती है और अगर सीधे हाथ की तरफ़ मुड़ जाओ, तो फिर एक लम्बी पतली–सी गली निकलती है जो हसीना ख़ाला के चौक पर आकर ख़त्म होती है। इस चौक के ठीक सामने पतली सी एक और गली है, जिस पर हमेशा एक पर्दा डला रहता है। इस पर्दे को जैसे ही हटाओ तो एक पक्का ज़ीना है, ऊपर की तरफ़ जाता हुआ।

यही है हसीना ख़ाला का घर।

हसीना ख़ाला सामने बैठीं अरबियाँ छील रही थीं। हरी–हरी सब्ज़ियाँ और दालें ज़्यादा पसंद हैं उन्हें। उनके छोटे–छोटे हाथों में किफ़ायत बहुत है। ख़राब अरबियों में से भी एक–एक सही अरबी का बुर्का निकाल लेती हैं। वो जब भी सब्ज़ी काटतीं हैं, उनका पूरा ध्यान उसी पर रहता है और उस समय अचानक कोई आकर उन्हें 'नमस्ते' कहे तो उनका दिल ज़ोरों से धड़क जाता है।

पीछे बालों में पानी की बूंदें टपक–टपक कर उनके सूट पर गिर रही थीं और एक गहरा मेहरून सा धब्बा छोड़ रही थीं। बालों में रिसते पानी के साथ मेहंदी का रंग भी रिसता जाता है और फिर धीरे–धीरे, कुछ दिनों के बाद बालों में

एक बेरंग फ़ीकापन झलकने लगता है, जैसे कोई सुर्ख़ गुलाब मुरझा गया हो और उसकी ख़ुशबू के साथ–साथ, गुज़रते वक़्त में उसकी पंखुड़ियाँ भी बे–नूर हो गयी हों।

ज़िंदगी के गुज़रते–बीतते दिनों और तारीख़ों के साथ भी ऐसा ही कुछ होता है। कभी कोई गुज़रती हुई तारीख़ ज़ेहन में लंबे अरसे या शायद कभी–कभी उम्र भर के लिए कोई गहरी–गाढ़ी छाप, असर और याद छोड़ जाती है जबकि कभी–कभी कैलेंडर की तमाम एक जैसी मामूली तारीख़ों की मानिंद, एक के बाद एक, किसी क़तार में लगातार दिन पर दिन गुज़रते जाते हैं। एक जैसे चेहरे वाले दिन। एक जैसे फीके और बे–नूर। ... और जब हमें किसी को अपनी बीती हुई ज़िंदगी के बारे में कुछ कहने–सुनने की बात दरपेश होती है, तो सब इन बे–नूर, फीके, घटनाविहीन दिनों को छोड़कर उन्हीं तारीख़ों – दिनों की बात बताने लगते हैं, जिनमें कुछ घटा, कोई बदलाव आया।

कोई आँधी या तूफ़ान ज़िंदगी के सपाट उदास मैदान को हिलाता–उड़ाता हुआ गुज़र गया। फीकी उदास पतझड़ जैसी बे–रंग ज़िंदगी की ऐसी कोई तारीख़, जिसमें कहीं किसी दरख़्त की शाख़ हरी हुई या कोई फूल कहीं खिला और अपने रंग और ख़ुशबू में डूबा हौले–से मुस्कुराया।

ये फीके दिन ही उन गाढ़े अनुभवों को बनाते हैं, जो हमारी ज़िंदगी में कुछ ख़ास हलचल छोड़ जाते हैं।

एक–दूसरे से मुख़ातिब होना फीकेपन पर नहीं टिका होता।

“आप बाल खोल क्यों नहीं लेतीं?”

“बाल छुपा रही हूँ।”

“किससे?”

"इनसे।"

"पर क्यों?"

"कट गए हैं न इसलिए।"

"अच्छा! फिर तो और भी अच्छे लगेंगे खुलकर।"

"उसने ज़्यादा छोटे काट दिए।"

"किसने?"

"मुरादाबाद गई थी। एक बच्ची की ख़ुशी थी। कई दिन वहीं रही। मेरे रिश्तेदार भी रहते हैं ना वहाँ। उन सबसे मिलना भी हो गया। जहाँ खुशी में गई थी, वहाँ खूब मज़ा आया। वहाँ बाहर से मेहंदी लगाने वाले भी बुलाये थे। एक किन्नर भी आया हुआ था। उसे ब्यूटी पार्लर का पूरा काम आता था। बस वो मेरे पीछे लग गया। उसने ही मेरे दोनों हाथों में मेहंदी लगाई, आईब्रो बनाई और बाल काटे। पर देखो ना, ज़रा ज़्यादा ही छोटे कर दिए।"

"आप अपने परिवार की दावत में गई थीं?"

"हाँ, परिवार ही समझ लो। बहुत समय बीत गया उन बातों को।

"तब मैं मुरादाबाद अपनी बहन के यहाँ कुछ दिन रहने गई हुई थी। एक रात दरवाज़े पर आहट हुई। मुरादाबाद उस समय आज की तरह ख़ूब रोशनियों वाला शहर नहीं था। शाम ढलते ही घुप्प अंधेरा हो जाता था और लोग घरों के अंदर ही रहते थे।

"उस दिन ऐसा हुआ – हल्की–हल्की सर्दियों के दिन थे। हम अंदर बैठे बातें कर रहे थे। दरवाज़ा कई बार खटखटाया गया। मुनीर ने उठकर दरवाज़ा

खोला। मुनीर मेरी बहन के मियाँ हैं। सामने एक शख़्स खड़े थे। उनकी बीवी को बच्चा होने वाला था और जो दाई बच्चे पैदा करवाती थी, वो वहाँ नहीं थी। पता नहीं कैसे उन्हें मेरी ख़बर लग गई। रात को ही वो मुझे अपने साथ ले जाने आ गये। उस समय मेरे पास तजुर्बा भी कम था पर उनके पास कोई और रास्ता भी नहीं था, मुझे ले जाने के सिवाय। मैं भी 'अल्लाह मालिक है' कहकर चल दी। काफ़ी दूर घर था उनका।

''उनकी बीवी कमज़ोर थी पर सेहतमंद लड़की हुई थी। बहुत ख़ूबसूरत। बिल्कुल अपने बाप पर गयी थी। एक नन्ही सी जान दुनिया में आ गई। मुझे बहुत ख़ुशी हुई क्योंकि माँ और बच्ची, दोनों ही ठीक थे।

''अपनी बहन के यहाँ से आने के बाद न तो दोबारा उनसे मिलना हुआ और न ही वो मुझसे कभी टकराए और फिर मुरादाबाद जाना भी कम होता गया।

''अभी हाल ही में अचानक वो मेरे घर आ गए, यहाँ दिल्ली में। मैं तो ठीक से उन्हें पहचान भी नहीं पाई। मैं बहुत हैरान थी। वे मुझे दोबारा मुरादाबाद ले जाने के लिए आये थे।''

"कितने साल बाद गई आप उनके घर दोबारा?"

"यही कोई बीस–इक्कीस साल बाद। उस रात के बाद हमारा कभी सामना ही नहीं हुआ था।"

"क्या वहाँ सब कुछ वैसा ही था जैसा आप उस रात जब गईं थीं तब था?"

"पिछली बार जब गई थी, रात में ही गई थी। सुबह होते–होते घर लौट आई थी। पर अबकी बार जब दिन के उजाले में गई तो पूरी कोठी आँखों के सामने थी। वही चेहरे थे, जो उस रात दिखे थे। बस थोड़ा बहुत बदलाव आ गया था सबमें। हाँ, कुछ चेहरे नए भी थे।"

"वो लड़की कैसी दिखती थी?"

"मैंने तो पहले ही कह दिया था कि बाप पर पड़ी है लेकिन ख़ूबसूरती में तो उसने अपने बाप को भी मात दे दी थी।''

"नाम क्या था उसका?"

"बिल्किस! एक हफ़्ता रही मैं, वहाँ। उन्होंने अपनों से बढ़कर इज़्ज़त दी मुझे। सब–कुछ बड़े प्यार और इज़्ज़त से हुआ। अब मुझे भी अपने घर लौटना था। विदा करते समय उन्होंने मुझे काफी कुछ देना चाहा पर मैंने बालों में लगाने का सिर्फ़ एक क्लिप ही लिया। ज़्यादा का मैं क्या करती।"

"अबकी बार की विदाई में क्या फ़र्क़ लगा आपको?"

"पहले अजनबी की तरह लौट आई थी मैं, पर इस बार जब बिल्किस विदा हुई तो लगा जैसे अपनी ही बेटी को विदा कर रही हूँ।

''विदा होती बिल्किस का चेहरा अब भी मेरी आँखों में है।''

'गाँधी' जिसकी जेब में

मौसम अब मुस्कुराने लगा है।

शाम का धुँधलका अपने साथ हल्की–हल्की ओस ले आता है और ठंड का एहसास जिस्म के रोयों में सिहरन भर देता है। बड़े–बूढ़े इस मौसम को "कच्चा मौसम" कहते हैं यानी बीमारियों का घर, जो अपने साथ कई छोटी–छोटी दुख–तकलीफें ले आता है, और जो मौसम के पक्का पड़ने तक लोगों को किसी न किसी बहाने परेशान करती हैं, पर इन परेशानियों से किसी को कोई दिक़्क़त नहीं क्योंकि ये जलती गर्मी से राहत दिलाती हैं। रातों को जागना, दिन में लाइट न होने के कारण इधर से उधर गली में ठंडक तलाशना, इन सब चीज़ों से अब छुटकारा मिलने लगा है।

लेकिन मौसम कैसा भी हो, हसीना ख़ाला सिर में मेहंदी लगाना नहीं छोड़तीं। वो बताती हैं कि लोग तो सफ़ेद बालों की वजह से मेहंदी लगाते हैं पर मैंने कभी ये सोचकर मेहंदी नहीं लगाई, ये बात और है कि अब उम्र हो गई है तो सफ़ेदी झलकने लगी है, पर मेहंदी तो मैं पहले से ही लगाती हूँ। अब इसे मेरा शौक़ कह लो, मन की ख़ुशी कह लो या सफ़ेद बाल छुपाने का बहाना, जो जी आये, कह लो।"

छोटी, पतली पर लंबी गली में खड़ी हसीना ख़ाला, अकीला जी से बातें कर रही थीं। ये गली ऐसी है जिसमें अगर दो लोग खड़े होकर बात करने लगें, तो रास्ता जाम हो जाता है क्योंकि इस गली से ही बस्ती के ज़्यादातर लोग अंदर–बाहर आना–जाना करते हैं। यहाँ पर एक छोटे से नल से पानी भरा

जाता है, जो सबका है। इसे सार्वजनिक गली भी कहा जा सकता है, वैसे गली होती भी ज़्यादातर सार्वजनिक ही है।

सिर पर लगी मेहंदी में वो ऐसी लग रही थीं, जैसे किसी ने उनके ऊपरी हिस्से में पेंटिंग कर दी हो। सारे बाल गाढ़े लेप से चिपके हुए, उनके सिर को और ज़्यादा भारी दिखा रहे थे। कानों के बराबर से नीचे बहती मेहंदी धीरे–धीरे उनकी गर्दन तक बह आती, जिसे वो अपने फ़िरोज़ी दुपट्टे से साफ़ कर देतीं।

हसीना ख़ाला, अकीला जी से शिकायती अंदाज़ में बातें कर रही थीं, "राशन वाले ने इतना परेशान कर दिया है कि क्या बताया जाए? सारा गेहूँ ब्लैक कर देता है और हमें पर्ची काटकर थमा देता है कि तब आना, जब आना। फिर उसकी दुकान के चक्कर काटते रहो बस। महँगाई कमर तोड़ रही है। अब ऐसे में ग़रीब आदमी क्या कमाएगा और क्या गँवाएगा?"

अकीला जी, "गँवाए तो तब हसीना बाजी जब कमाए। इनके हाथ में तीन महीने से ऊपर हो गए, कोई काम ही नहीं है। ये मेरे दिल को ही पता है, मैं कैसे–कैसे कर रही हूँ।"

बराबर से अपनी भारी–भरकम देह को सबके बीच ठेलती हुई बानो जी बोलीं, "अरे, तुम्हारे यहाँ काम नहीं है तो ये बदहाली है। हमारी सुनो, यहाँ तो कमाते–कमाते भी कुछ नहीं हो पा रहा। सनीचर सवार है घर पर। दो बार की लॉटरी रुकी पड़ी है। इस बार ज़्यादा का हफ़्ता निकले तो कुछ राहत मिले।"

सामने छोटी खिड़की में लगे मैले पर्दे से झाँकती हुई मिन्नी जी ने कहा, "अरे अनाज का पता किया कब तक देगा?"

हसीना ख़ाला बोलीं, "अरी बहन, उसी की तो कह रहे हैं। पता नहीं कौन से बुध को कहा था कि मिल जाएगा। अब उस बुध से भी कितने बुध निकल गए, पर पता नहीं इसका गेहूँ बाँटने वाला बुधवार कब आएगा।"

अकीला जी ने कहा, "हसीना बाजी मैं तो कहती हूँ सब औरतें इकट्ठी होकर फ़रज़ाना बाबर के पास चलो।"

मुन्नी जी बोलीं, "अरे वो भी क्या कर लेंगी? सारा काम तो उन्होंने अपने चमचों के हाथों में सौंपा हुआ है। चमचे उनके पास तक बात पहुँचाएँ, तब तो कुछ हो।"

बानो जी ने कहा, "पर वो बात क्यों पहुँचाएँगे। चमचों के पास तो 'गाँधी' पहुँच जाता है, और भैया 'गाँधी' जिसकी जेब में आ जाता है, वो फिर कान से बहरा और आँख से अंधा हो जाता है।"

हसीना ख़ाला बोलीं, "अब क्या पता कौन क्या कर रहा है? हमें तो गेहूँ मिल जाए बस। अब ग़रीब आदमी रोटी भी न खाए तो क्या खाए, बताओ?"

तभी गली से सफ़ेद चिट्टे कपड़ों में बहुत से लोग हाथों को जोड़े और बस्ती में काफी कुछ करवाने का वायदा करते हुए गुज़रे। उनको देख सभी गली में सटकर खड़ी हो गईं। सभी उनकी सुन रहे थे और अपनी मुस्कुराहट में काफ़ी कुछ छुपाए हुए उन्हें देख रहे थे।

अकीला जी उन लोगों के निकलते ही बोलीं, "देख रही हो हसीना बाजी? कैसे घर–घर वोट माँगने आ रहे हैं। वैसे तो कोई आकर नहीं देखता हमें।"

बानो जी ने हाँ में हाँ मिलाते हुए कहा, "पानी का भी बुरा हाल है। नई पाइप डाली थी, ये कहकर कि दिन–रात पानी आएगा। दिन–रात का तो छोड़ो, एक वक़्त भी आ आए तो बहुत है।"

मिन्नी जी बोलीं, "अरी बहन, अब तो मोहम्मद इक़बाल आ रहा है। हो सकता है वो कुछ करवाए।"

हसीना ख़ाला, "यहाँ तो आज तक कोई भी कुछ भी नहीं करवा पाया। वो क्या करवाएगा बेचारा। कल सब बीस–बीस रुपए इकट्ठा करो, फिर हम सब मिलकर नई पाइप लाइन डलवाते हैं। यहाँ से लेकर बाहर तक की सारी गली खुद खुदवाएँगे। फिर पानी का आराम सभी को हो जाएगा।"

यह कहकर हसीना ख़ाला अपने घर की तरफ़ चलीं। उनके सिर पर लगी मेहँदी अब सूखने लगी थी। ठंड भी बढ़ती जा रही थी। लोगों के चूल्हे जल चुके थे। हंडियों में मसाले भूनने की बड़ी प्यारी ख़ुशबू हर तरफ़ से आ रही थी।

आज जुम्मेरात है। ज़्यादातर लोग अल्लाह–वास्ते का खाना बना रहे हैं और बहुत लोग मासूम बच्चों को खिलाने के लिए मीठे चावल और चने की दाल की खिलवां खिचड़ी भी बना रहे हैं।

हसीना ख़ाला भी घर आकर चावल और दाल धोने में लग गईं।

चमचमाता फ़र्श। इधर–उधर गुज़रते लोग। दो काउंटर और उन पर लगी लाइनें टोकन लेने वालों की। अपने आप नीचे और ऊपर जातीं सीढ़ियाँ जिस पर कितने ही लोग खड़े हो जाएँ उनकी स्पीड बनी रहती है। इस जगह का अपना ही मौसम रहता है। हसीना ख़ाला आज इस फ़र्श पर पैर जमा–जमाकर चल रही हैं। वो देख रहीं हैं ज़मीन से इतने नीचे बनी इस जगह को। उनके क़दम कहीं रुक नहीं रहे। वो चल रही हैं पैरों को जमाते हुए। यहाँ एक ख़ास तरह की हलचल रहती है जो दिखाई तो देती है पर समझ में नहीं आती। वो रुकी खड़ी हैं एक बड़े से मैप के आगे। मैप में खींची लाइनें और उसमें उभरे शब्द हसीना ख़ाला की आँखों में चमक रहे हैं। वो मेट्रो स्टेशन पर खड़ी हैं।

पर्दे से बाहर

शहनाज़ जी मशीन पर अपना हाथ रोके नज़रें टीवी की ओर किए चुपचाप बैठी थीं।

पर्दा आधा खुला था।

शीना सिल–बट्टे पर लहसुन और प्याज़ कूट रही थी। शहनाज़ जी की बहू आलिया किचन में दाल चढ़ा रही थी। टीवी की तेज़ आवाज़ की वजह से बाहर की कोई भी आवाज़ अंदर नहीं पहुँच रही थी।

चौखट पर खड़ी हसीना ख़ाला शहनाज़ जी को पुकार रही थीं। शहनाज़ जी ने तीन आवाज़ों के बाद पलटकर देखा। हसीना ख़ाला अंदर–बाहर की सीमा के बीच खड़ी थीं। हसीना ख़ाला को देखते ही शहनाज़ जी बोलीं, "फ़रहा, टीवी की आवाज़ तो हल्की कर।"

फ़रहा ने दरवाज़े की ओर देखते हुए टीवी की आवाज़ कम की।

हसीना ख़ाला अंदर आते हुए बोलीं, "एक काम से आई हूँ आज।"

शहनाज़ जी धागे की गिट्टी को लपेटते हुए बोलीं, "अरे पहले अंदर तो आ जाओ, हसीना बाजी।"

हसीना ख़ाला पायदान पर पैर रगड़ती हुईं नीचे फ़र्श पर बिछे कारपेट पर ही बैठ गईं।

शहनाज़ जी का कमरा काफ़ी बड़ा है लेकिन डबलबेड बिछे होने की वजह से बहुत छोटा लगता है क्योंकि सारी जगह ये डबलबेड ही खा जाता है। सामने वाली दीवार बहुत सुंदर लगती है, पुरानी यादों से सजी हुई, जिस पर इनके बच्चों की छुटपन की तस्वीरें, इनकी जवानी की तस्वीर और काफ़ी सारे काँच के बर्तन और पोस्टर लगे हुए हैं।

शहनाज़ जी पेशे से एक दर्ज़िन हैं, जो अपने को किसी फ़ैशन डिज़ाइनर से कम नहीं समझतीं और भई समझे भी क्यों नहीं, वो एक बार किसी के सूट का डिज़ाइन मन से देख लें तो उसे हू–ब–हू वैसे ही टीप–टाप कर बना देंगी। ये उनकी ख़ासियत है। वो बचे–खुचे कपड़े और चमकीली बेल से भी काफ़ी कुछ बनाने का हुनर रखती हैं।

हसीना जी बोलीं, "शर्म आ रही है पर पूछना तो पड़ेगा। बहन दाल बनाई है तो थोड़ी सी दे दो। हमारे नीचे वाले कमरे में जो बूढ़े बाबा रहते हैं, उनकी आँख का ऑपरेशन हुआ है। कई दिनों से दाल ही बना रही थी इसलिए आज सब्ज़ी बना ली। लेकिन वो कह रहे हैं कि खाऊँगा तो दाल से ही खाऊँगा। सब्ज़ी खाने को तैयार ही नहीं। अब बताओ, बड़ी दुखी हो गई। मैंने अपने लिए कभी कुछ नहीं माँगा, पर इन्होंने तो आज मुझे मँगता बना दिया।"

शहनाज़ जी पूरी बात सुनकर बोलीं, "अरे हसीना बाजी, बस इत्ती–सी बात! हमारी बहू दाल ही बना रही है। बघार लगते ही ले जाना।"

बात तो शहनाज़ जी हसीना ख़ाला से कह रहीं थीं पर रह–रहकर उनकी नज़रें टीवी पर जा टिकतीं।

हसीना ख़ाला ने पूछा, "क्या देख रही हो? सब कुछ तो पहले आया हुआ ही दिखा रहे हैं।"

शहनाज़ जी ने कहा, "हसीना बाजी बहुत बढ़िया लगता है ये सीरियल। ये आनंदी बहुत सुंदर लगती है। पर बताओ, इतनी छोटी सी लड़की की शादी कर दी। अब तो बहुत माहौल बदल रहा है, फिर भी लोग ऐसा कर रहे हैं।"

हसीना जी बोलीं, "ये तो सीरियल है पर तुम्हारे घर में भी तो छोटी सी बहू है? उसकी कौन सी ज़्यादा उम्र है अभी?"

शहनाज़ जी ने आँखों को झपकाते हुए कहा, "अरे नहीं हसीना बाजी। ये नाटक में तो बहुत छोटी दिखा रहे हैं। हमारी बहू तो माशाअल्लाह बड़ी है।"

हसीना ख़ाला ने हँसते हुए अपनी गर्दन अच्छा के अंदाज़ में हिलायी। आलिया तब तक ट्रे में दो चाय के प्याले रखकर कमरे में ला चुकी थी। शहनाज़ जी और हसीना ख़ाला के बीच में ट्रे रखते हुए बोली, "अम्मी किसी से बिस्किट मँगा लीजिए।"

हसीना ख़ाला ने झट से कहा, "अरे रहने दो बहू। मैं कोई बाहर की नहीं, इस घर की ही हूँ। तुम्हारे मियाँ मेरे हाथ की ही पैदाइश हैं।"

आलिया हौले से मुस्कुराई।

तभी शहनाज़ जी ने आलिया के सिर से सरकता हुआ दुपट्टा ठीक किया और बोलीं, "जाओ, जल्दी दाल में बघार दे दो। तुम्हारी ददिया सास आज तुम्हारे हाथ की दाल चखेंगी।"

आलिया ने दुपट्टा ठीक करते हुए दोबारा किचन सँभाला। शीना का लहसुन–प्याज़ कुट चुका था। उसने हाथों को साबुन से मलकर धोया और पलंग पर आकर बैठ गईं।

हसीना ख़ाला ने पूछा, “अब शीना और फ़रहा की शादी का कब तक सोच रही हो?”

शहनाज़ जी हाथों में चाय का प्याला थमाते हुए बोलीं, “अभी नहीं बाजी, अभी तो छोटी हैं। अभी उम्र पक्की पड़ जाए तब रिश्ते देखना शुरू करूँगी।”

हसीना ख़ाला, “घर का सारा काम तो कर लेती हैं न?”

शहनाज़ जी, “हाँ बस, अब सीख ही जाएँगी धीरे–धीरे।”

हसीना ख़ाला, “आलिया के साथ की ही हैं न?”

शहनाज़ जी, “हाँ, हमारी शीना आलिया से छः महीने बड़ी है, पर देखो तीनों साथ बैठ जाएँ तो कोई कह नहीं सकता, कौन बहू है, कौन ननद? ऐसे घुल–मिलकर रहती हैं तीनों।”

हसीना ख़ाला, “बहू तो तुम्हारी अपनी ही रिश्तेदारी में से है न?”

शहनाज़ जी, “हाँ, हमारी सगी मामी की बेटी है।”

आलिया एक प्याली में दाल निकालकर अंदर कमरे में ले आई। शहनाज़ जी प्यार से अपनी बहू को निहार रही थीं। हसीना ख़ाला ने दस का एक नोट आलिया के हाथों में रखा और प्यार से उसके सिर पर हाथ फेरा। आलिया कुछ समझ नहीं पाई। उसने झट से शहनाज़ जी की तरफ़ देखा। शहनाज़ जी मुस्कुराते हुए बोलीं, “अरे ये तो बड़ों का प्यार है। रख लो।”

हसीना ख़ाला उठते हुए बोलीं, “बेटी मेरे पास तो दुआओं के अलावा कुछ नहीं। अच्छा भई चलती हूँ।” ये कहते हुए वो दाल की कटोरी हाथ में थामे और कटोरी के नीचे अपना सूती दुपट्टा लगाए पर्दे से बाहर निकल गईं।

ख़ाली दुकान के पाट

आजकल राशन की बहुत मारामारी चल रही है। कई–कई महीने से गेहूँ नहीं मिला है। राशन वाला पर्ची काट कर पैसे अपनी गाँठ में सरका लेता है और लोगों को 'अगले महीने' कहकर टरका देता है। अगले महीने में भी वो अनाज बाँटने को राज़ी नहीं होता। कभी कहता है, "अभी कोटा नहीं आया।" तो कभी कहता है, "बोरी खुलते ही ख़त्म हो गई।"

"अब बताओ, जब बोरी खुलते ही ख़त्म हो जाती है तो लोगों के पास अनाज क्यों नहीं पहुँचता?"

अनाज को ज़मीन खा रही है या आसमान? या फिर इसके पापी पेट में ही सब भसम हो रहा है?

अब यही कह दो तो वो अपनी फन्नेखानी दिखाने लगेंगे। सरकारी काम का रुआब दिखाते हैं, और कुछ नहीं। अगर अनाज बिना सरकारी कोटे के आए, तब इन्हें पता चलेगा कि इनकी औक़ात कौड़ियों की भी नहीं है। जो लोग साब–साब करके अनाज बाँटने को पूछते हैं, फिर वही सब इन्हें पकड़कर धोएँगे।"

आज हसीना ख़ाला पर गुस्सा चढ़ा हुआ था। राशन वाला चार–पाँच महीने से ख़ाली दुकान के चक्कर लगवा रहा है पर अनाज बाँटने में आनाकानी करता है। ज़्यादा ज़िद करने पर ख़ाली दुकान के पाट खोलकर दिखा देता है। माल न जाने रातोरात कहाँ छूमंतर हो जाता है?

ख़ाली नंग–धड़ंग दुकान देखकर सभी अपने गुस्से को जज़्ब किए हताश मन से घर की ओर लौट आते हैं। सभी का कहना है कि मोहम्मद इक़बाल हमारे यहाँ से चुनाव जीता है, तो वो पहले अपने बैठने की जगह वग़ैरह बना ले फिर सब इकट्ठे होकर उसके पास चलें। सुना है वो बहुत अच्छा इंसान है। उतना ही खाता है जितना आटे में नमक। बहुत जताता है कि उसे कोई लालच–लालसा नहीं है। जनता ही उसकी ताकत है इसलिए वो जनता की पहले सुनता है।

वोटिंग के समय बहुत मतभेद चल रहा था। कुछ भी ठीक से समझ नहीं आ रहा था कि कौन किसको जिताने के मंसूबे बनाए बैठा है? उन दिनों जो भी पार्टी दरवाज़े पर फूल–माला पहने अपने चेले–चपाटों के साथ ढोल–ताशे बजाती हुई आती, लोग उसी को आश्वासन दे देते, "अजी हम तो आप ही को वोट देंगे बस।"

और उसके जाते ही कहते, "बताओ, इनके पास फलाँ–फलाँ काम के लिए गए थे। तब तो बड़े तेवर थे जनाब के और आज कैसे घर–घर आकर हाथ पसार रहे हैं। सही कहा है किसी ने, इन सालों का कोई ईमान नहीं। कुर्सी की ख़ातिर तो ये अपनों का गला घोंट दें। बड़े–बड़े फन्ने खाँ इन्होंने निपटा डाले, तो भला इनके सामने हम किस खेत की मूली ठहरे...!"

ख़ूब हुड़दंग मचे उन दिनों। चुनाव प्रचार के 'पेम्फलेट' गली–गली बिखरे दिखते। इनमें छपे सभी नेताओं के चेहरे गलियों में पड़े लोगों की जूतियों तले बेहाल दिखते! परचून की दुकान वालों के तो मजे थे। वे 'पेम्फलेट' इकट्ठा कर उनमें चीनी, चाय पत्ती, मिर्ची, हल्दी, धनिया, नमकीन, बिस्किट और यहाँ तक कि सुबह का नाश्ता भी जैसे बंध, पापे और ब्रेड लपेट–लपेट कर ख़ूब बेचते।

बच्चे इन पर्चों को जमा कर उनसे रॉकेट और नाव बनाकर उन्हें सड़ती गंदी नालियों में चलाते फिरते। सट्टेबाज़ उसके पीछे के साफ़ पन्ने पर अपने आंकड़ों के जुगाड़–तिगाड़ लगाते। पूरी बस्ती में जैसे प्रचार के वे 'पेम्फलेट' बादल बनकर छाए रहे। कई दिनों तक घड़ी–बेघड़ी ढोल–नगाड़ों का शोर मच जाता और घरों में सबके कान खड़े हो जाते। बच्चे ऐसे खुश होकर नाचते कि जैसे किसी अपने की ही बारात आई हो।

वक़्ती तौर पर जुनून चारों ओर छाया रहा। बस्ती के काफ़ी लोग प्रचार और पर्ची बाँटने में कुछ कमाते हुए भी नज़र आए। घर में, गली में, चौक पर, नुक्कड़ों पर, डॉक्टर की दुकान पर, चाय की दुकान पर, सड़क पर, पटरी पर, छतों पर बैठे सभी लोगों में यही अटकल लगती दिखी कि आख़िर जीतेगा कौन?

कोई कहता, "कांग्रेस आनी चाहिए।"

दूसरा उसकी बात काटते हुए कहता, "भैया कांग्रेस आई तो बस्ती में भी मेट्रो निकलवा देगी। सारी दिल्ली का तो नाश कर दिया है उसने, खुदाई करवा–करवा के। नीचे ज़मीन तक के पानी सूख गए हैं। अब और क्या करवाना चाहते हो उससे?"

तीसरा कहता, "बीजेपी के भी आसार बन सकते हैं।"

तो चौथा बोला, "अगर बीजेपी आई तो लाला–बनिए ही खुश होंगे। आख़िर उन्हीं की तो पार्टी है वो। हमारे जैसे ग़रीबों को थोड़े ही देखेगी ।"

"अब ऐसे तो हम जैसों को कोई देखने वाला नहीं, तो क्या वोट ही नहीं दोगे?"

"सरकार की गिनती में आना है तो वोट तो देना ही पड़ेगा।"

“भई मायावती भी ख़ूब धमाल कर रही है यू.पी. में।”

“बहन जी तो वहीं तक रहें तो अच्छा है। यहाँ दिल्ली क्या कम दुखी है औरों से जो ये मैडम जी भी अपनी ज़ोर आज़माइश दिखायेंगी यहाँ।”

लोगों की नोंक–झोंक, सवाल–जवाब के बीच जब चुनाव नतीजे घोषित हुए तब चारों तरफ़ शांति सी छा गई। अब आपसी बहस के मुद्दे ज़्यादा नहीं रह गए थे, पर थे तो सही जिनका अब रुख़ बदल गया था। ज़्यादातर लोगों ने यही कहा, “हम ना कहते थे कि मोहम्मद इक़बाल ही आएगा। बहुत अच्छा इंसान है। बस्ती को बचाने में भी हमारा साथ देगा।”

अब सभी की जुबान पर यही था कि ‘हम कहते थे न!’ ये तो उनका दिल ही जानता है कि वे वास्तव में क्या कहते थे। अब चर्चाओं में मोहम्मद की तारीफ़ों के बखान थे।

कुछ लोगों ने कहा, “अब हम मटिया महल विधानसभा क्षेत्र से जुड़ गए हैं। अब हमारी ये जगह कच्ची बस्ती में नहीं, पक्की जगह में गिनी जाएगी।”

तो कुछ कहते, “अब हम नई दिल्ली के नहीं, पुरानी दिल्ली के बाशिंदे हैं।”

“कोई कैसा भी हो? भले ही आँखों में धूल झोंक कर नहीं, आँख धूल में झोंक कर खाता हो। बस वो राशन वालों को सही कर दे तो जानें।”

हसीना ख़ाला पानी के कटोरे में से छोटे–छोटे घूँट मुँह में लेती जातीं और कहती जातीं, “बताओ अभी पाँच महीने पहले जब इसने गेहूँ बाँटा तो एक के ऊपर एक आदमी चढ़ा हुआ था। जो गेहूँ हमें खाना है, उसी पर लोग चप्पलें ले–लेकर गिरे जा रहे थे। मेरा बीपी तो लाइन में लगे–लगे ही हाई हो गया। फिर ऐसे चक्कर खाकर गिरी गेहूँ पर, कि मुझे होश ही नहीं रहा। बहुत देर बाद होश आया तो एक पुलिस वाला मेरे हाथों में सोने की बालियाँ थमाते हुए

बोला, 'जब आप बेहोश होकर गिरीं थीं भीड़ में, तब हाथ–वाथ लगने की वजह से आपके कानों से आपकी बालियाँ खुलकर गिर गई थीं। एक औरत उठाकर भाग रही थी। उससे छीनकर रखी हैं। लीजिये आपकी अमानत।'"

"बालियाँ दोबारा से अपने कानों में पहनते हुए मैंने सोचा। ये राशन तो बहुत महँगा पड़ने वाला था मुझे। भैया, मैं तब से भीड़ में नहीं घुसती। अब देखो, ये हर महीने का कोटा आते ही बाँट दे तो इतनी भीड़ ही क्यों हो? पर भैया, सरकार इनकी और पुलिस भी इनकी। अब इनसे लड़े तो लड़े कौन? इन्हें तो कुदरत ही कुछ ऐसे फाँसे में फाँस सकती है, जो इन्हें इनकी नानी याद दिला दे। हम जैसों के तो बस का नहीं है इनसे टक्कर लेना।"

कटोरे का पानी ख़त्म करते हुए वो उठीं, राशन कार्ड की नक़ल थैली में रखी और एक हाथ से मोमजामे का मज़बूत थैला पकड़े ज़ीने से उतर गईं, यह बुदबुदाते हुए, "ज़रा जाकर देखूँ। आज की कही थी उसने, कि बारह बजे के बाद बाँटूँगा।"

इन सीढ़ियों की अपनी ही दुनिया है। इस दुनिया में शामिल होने वाले लोग हैं यहाँ बैठे मुसाफ़िर, यहाँ से गुज़रने वाले टूरिस्ट, किसी का इंतज़ार करने वाले शख़्स, थक कर सुस्ताने वाले राहगीर आज इसी भीड़ में से निकलकर यहाँ आ बैठी हैं हसीना ख़ाला – जामा मस्जिद की इन सदाबहार सीढ़ियों पर। वो देख रही हैं सामने मटिया महल की सड़क जहाँ पैदल चलने वाले और रिक्शा पर बैठे लोग एक–दूसरे से सटकर निकल रहे हैं। फिर भी किसी की रफ़्तार किसी की वजह से रुक नहीं रही। अनजाने लोग न जाने कैसे एक–दूसरे से तालमेल बैठा लेते हैं? अँधेरा होना शुरू हो गया है। ठंडी हवा दिन भर की तपिश को कम करने लगी है। रोशनी में लोग जुगनुओं की तरह दिख रहे हैं जो अभी तो हैं और अगले ही पल न जाने कहाँ होंगे। हसीना ख़ाला अपने में ही हौले से बोलीं, ''क्या मुझे इसमें जाना है?" और अगले ही पल वो झट से उठते हुए बोल पड़ीं, "हाँ मुझे इसी में तो जाना है।"

पॉलिश उतर चुकी

उनका सरल स्वभाव, जिसमें वो बहुत कुछ भले ही बोल जाती हों, पर अगले ही पल वो मुस्कुराती हुई ज़िंदगी को अपनी ओर आकर्षित कर लेती हैं। बीमारी में घर में बैठे–बैठे जब वो उकता जाती हैं, तो अपनी छोटी–सी खिड़की में खड़े होकर, जो गली के चौक पर खुलती है, गली में आते–जाते लोगों को देखती रहती हैं।

यहाँ हसीना ख़ाला किसी से अनजान नहीं और न ही यहाँ पर रहने वाले लोग उनसे अनजान हैं।

"क्या हो रहा है शक्को?" चौक पर इकट्ठा हुई औरतों को देखते हुए उन्होंने झट से पूछा।

"हसीना बाजी, यहाँ तो दुनिया उजड़ गई और तुम खिड़की में से ही पूछ रही हो।"

हसीना ख़ाला ने कुछ उत्सुकता से पूछा, "आख़िर हुआ क्या?"

शक्को जी ने हाथ से रुकने का इशारा किया और नीचे खड़ी औरतों के बीच में कानाफूसी करने लगीं। ठंड से बचने के लिए गर्म शॉल ओढ़े वहाँ खड़ी कई औरतों के चेहरे पर परेशानी साफ़ झलक रही थी। इधर हसीना ख़ाला के भीतर भी रह–रहकर गहरी उत्तेजना की हिलोरें पैदा हो रही थीं, पर उनके पैरों में सूजन थी और उनकी तबीयत भी कुछ नासाज़ सी थी।

वो कुछ देर खिड़की से ही सबको निहारती रहीं। फिर नीचे गद्दे पर आकर बैठ गईं।

कभी समय बिताना जब बहुत लम्बा हो जाता है तब हम समय को कई अलग–अलग चीज़ों में बाँटकर उसे छोटा कर देना चाहते हैं। ये भी हो सकता है कि हम इंतज़ार के एहसास को कम करना चाहते हों।

हसीना ख़ाला बैग में हाथ डालकर अपने पुराने ज़ेवर–गहनों को बहुत ध्यान से देख रही थीं। कहीं से अँगूठी टूट रही थी तो किसी टॉप्स की पीछे की डंडी उखड़ रही थी।

"इन्हें भी ठीक कराना है।" ये कहते हुए उन्होंने एक छोटे से बैग में उन गहनों को गुलाबी काग़ज़ में लपेटकर रख दिया और एक गाव–तकिये पर सिर टिकाकर लेट गईं।

"घर बहुत गंदा हो रहा है। इसकी सफ़ाई भी करनी है।"

उनकी आँखें छत की ओर घूम रहीं थीं। छत की एक–एक कड़ी और सिल्ली को वो बहुत ध्यान से देखतीं और अपनी पलकें झपकाती जातीं। इतने में शक्को जी अपने घुटनों पर हाथ रखते हुए ज़ीने पर यूँ चढ़ती हुई आईं जैसे उन्हें जोड़ों का दर्द हो। पर ऐसा नहीं था। वो जब भी ज़ीने पर चढ़ती है तो लगता है जैसे कोई उम्रदराज़ बुढ़िया हों पर जब लड़ाई पर उतारू हो जाती हैं तो लगता है जैसे कोई जवान छैल–छबीली उछल–उछल कर अपना ज़ोर दिखा रही हो। तब उनमें ग़ज़ब की फुर्ती आ जाती है।

वो आकर हसीना ख़ाला के बिल्कुल क़रीब होते हुए बोलीं, "सुना हसीना बाजी, नदीम रात में निकाह कर आया।"

हसीना ख़ाला ने चौंक कर, आँखों को पूरी तरह खोलते हुए कहा, "कौन सा नदीम? ये रंग–रोगन वाला?"

पैर को खुजलाते हुए शक्को जी बोलीं, "हाँ बाजी वही तो।"

"तो अब अमीना कहाँ है?" हसीना ख़ाला ने उठते हुए पूछा।

"उसी के घर में है और रात से ही नदीम से लड़ रही है, पर वो है कि हामी भरने को राज़ी नहीं है। झूठी–झूठी कसमें खा रहा है। पता नहीं चालीस साल में उसे दूसरी शादी की क्या सूझी? जवान बेटे को मरे अभी एक साल भी नहीं हुआ और उसने अमीना के कलेजे पर एक और नश्तर चला दिया।"

हसीना ख़ाला शक्को जी की बात सुनती रहीं, फिर बोलीं, "शादी हो या प्यार, इसमें उम्र नहीं देखता कोई। हाँ, ये ज़रूर कहूँगी कि ग़लत किया। आगे पाँच बच्चे हैं, तो कम से कम उन्हें देखना था उसे। करने को तो कितनी भी शादियाँ कर लो, पर पेट में रोटी तो सभी को चाहिए। अब देखो कैसे पेट भरेगा?"

शक्को जी बुरी तरह अपने पैर खुजलाने में लगी हुई थीं। ये देखते हुए हसीना ख़ाला बोलीं, "अब क्या चमड़ी उधेड़ दोगी?"

शक्को जी पैर खुजलाते हुए ही बोलीं, "पता नहीं बाजी, सर्दियाँ आते ही पूरा बदन खुजलाने लगता है। अच्छा बाजी, सौतन तो मिट्टी की भी नहीं सुहाती, और ये तो फिर भी एक जीती–जागती औरत है।"

हसीना ख़ाला एक पिचकी हुई ट्यूब शक्को जी को देते हुए बोलीं, "शक्को, एक के बाद दूसरा निकाह तो किसी के हक़ का बँटवारा होता है। बाँटना तो हम कुछ भी नहीं चाहते, पर कभी–कभी हालात ऐसे बन जाते हैं जब न चाहते हुए भी बहुत कुछ बाँटना पड़ता है। खुशी से नहीं तो मजबूरी से।"

शक्को जी बची हुई टयूब अपनी एड़ियों में लगाते हुए बोलीं, “पर बाजी सत्रह साल की शादी का ये सिला?”

हसीना ख़ाला ने कहा, “लोग तो तीस–तीस, चालीस–चालीस साल तक एक–दूसरे के साथ बिताकर भी, एक–दूसरे को समझ नहीं पाते। ये तो फिर भी बहुत कम समय...''

उनका जुमला अधूरा ही छूट गया क्योंकि तभी ज़ीने पर चप्पल उतारते हुए शहज़ाद जी अंदर आए और अपनी गर्म टोपी और मफ़लर ढूँढ़ने लगे। कुछ देर के लिए सब शांत हो गया। शक्को जी शहज़ाद जी की तरफ़ देखते हुए फिर से अपनी एड़ियाँ मसलने लगीं।

शहज़ाद जी बोले, “बाहर बहुत बर्फ़ीली हवा चल रही है। शायद कहीं बर्फ़ पड़ी है। मैंने सोचा टोपी ले आऊँ, कभी सर्दी हो जाए।”

हसीना ख़ाला दीवार का सहारा लेते हुए उठीं और अलमारी के ऊपरी हिस्से में उनकी टोपी ढूँढ़ने लगीं। शहज़ाद शक्को से मुख़ातिब होते हुए बोले, “अरे शक्को मैंने कुछ सुना है अभी।”

शक्को जी बात को टालते हुए बोलीं, “हाँ पता नहीं क्या माजरा है। हमें तो भई घर से ही फुर्सत नहीं, औरों की क्या सुनें!”

शहज़ाद तंज़ करते हुए बोले, “हाँ फुरसत नहीं है। तभी तू बड़े आराम से यहाँ बैठी है।” टोपी–मफ़लर शहज़ाद को थमाते हुए हसीना ख़ाला ने कहा, “शक्को को मैंने बुलाया था। सिर दर्द से फटा जा रहा था। तुम्हें तो इतना भी नहीं कि पूछ लूँ। कोई राह चलता भी होता, तो वो भी इस हाल में इंसानियत दिखा जाता।”

“हाँ तो बस राहगीरों से ही अपना हाल दिखवाती रहो। सिर दर्द के मज़े लो।” यह कहते हुए शहज़ाद ने झट से चप्पलें पहनीं और बाहर चले गए। उनके

जाने के बाद घर में एक छोटी–सी ख़ामोशी आयी और फिर से शक्को और हसीना ख़ाला की बातों की गाड़ी अपने ढर्रे पर बढ़ चली।

अपने बालों का जूड़ा बनाते हुए शक्को जी बोलीं, "पता नहीं आदमी ये क्यों भूल जाता है कि एक औरत उस पर अपना सब कुछ न्यौछावर कर देती है। ये जानते हुए भी वो उससे आख़िर धोखा कैसे कर जाता है?"

हसीना ख़ाला अपने गाव–तकिये पर आराम से लेटते हुए बोलीं, "हमबिस्तर होना ही तो सब कुछ नहीं होता।"

शक्को जी ने अपनी आँखों को बड़ा करते हुए कहा, "आख़िर इंसान को चाहिए क्या होता है?"

हसीना ख़ाला ने एक लम्बी साँस के साथ कहा, "ये तो कभी कोई जान ही नहीं पाया कि किसी को क्या चाहिए?"

तभी ज़ीने पर से रोती हुई शक्को जी की बेटी इन्नो आ पहुँची। "बाजी अभी आती हूँ। ज़रा इसका बैंड बाजा बंद करा दूँ।" ये कहती हुई शक्को जी उठीं, और बच्ची को गोद में लेकर नीचे उतर गईं।

शक्को जी के जाने के बाद हसीना ख़ाला बहुत देर तक अपने घर की साफ़–सफ़ाई के बारे में सोचती रहीं। फिर पुड़िया से ख़ुराक निकाली और एक गिलास पानी से गटक कर चुपचाप लेट गईं।

बहुत देर तक उनकी पलकें झपकती रहीं। बाहर की आवाज़ों से उनकी आँखें खुल जातीं। बाहर की ताज़ा हवा बार–बार कमरे में आती और अंदर की बासी उबासी को अपने साथ बहा ले जाती।

केवड़े की उदास खुशबू

सुबह की किरणें धीरे–धीरे फैलती हुईं धरती के उस हिस्से पर भी आ रही थीं, जहाँ पर ऊँची–ऊँची बिल्डिंगें, मल्टीप्लेक्स और हरियाली से लहलहाते बड़े–बड़े पार्क थे। इन्हीं के इर्द–गिर्द दौड़ती काली लम्बी सड़कें, हज़ारों लाखों लोगों को अपने अंदर समाए अस्पताल, जहाँ मरीज़ और स्वस्थ इंसान साथ–साथ जूझते नज़र आते हैं, बड़े–बड़े मॉल और छोटी–छोटी दुकानें जो रोज़मर्रा की ज़रूरतों से लैस एक अलग भूमिका में लोगों के लिए हाज़िर हैं। ये सब न जाने कितने मामूली इंसानी घरौंदों को वहाँ से हटाने के बाद बने होंगे।

चिपचिपाती पलकें एक–दूसरे का साथ जैसे छोड़ना नहीं चाहती थीं। सुबह की गर्माहट में आवाज़ों का अपना ख़ास तरह का गुंजन शुरू हो चुका था। चौके में पड़े रात के बासी बर्तनों को चूहे खड़खड़ा रहे थे।

छतों पर बनते आवाज़ों के पुलिन्दे इधर–उधर बिखर रहे थे। यहाँ किसी भी एक छत को किसी एक की नहीं कहा जा सकता। सभी एक–दूसरे के साथ सटी हुई हैं जैसे ज़मीन से ऊपर आसमान के नीचे एक और नया चौरस मैदान हो।

आज की सुबह थोड़ी निराली सी थी। लग रहा था जैसे रात में किसी की आँखों में ठीक से नींद समाई न हो। आँखें अभी भी नींद की खुमारी में थीं, जो अपने इर्द–गिर्द भी चीज़ों को ठीक से देख नहीं पा रही थीं। पूरे मोहल्ले में एक बेजान–सा आलस छाया हुआ था जो आहिस्ता–आहिस्ता समूची बस्ती में फैलता जा रहा था।

आज उनकी नींद में भी कुछ अटकन बाकी थी। अंगड़ाइयों का सिलसिला टूटने का नाम ही नहीं ले रहा था। नज़रें बार–बार धुलने वाले कपड़ों पर जाकर रुक जातीं। वो नींद को झटकते हुए उठीं, जो आज उनसे इस कदर लिपटी थी, मानो उनका साथ ही नहीं छोड़ना चाहती हो। दीवार का सहारा लेते हुए उन्होंने बिस्तर का साथ छोड़ा और ज़ीने के पास आकर साफ चिट्टे आसमान की ओर निहारते हुए ताज़ी ठंडी हवा से अपने फेफड़े भर लिए।

परिंदों की चहचहाहट अपने सुरों के ज़रिए बस्ती में अपने होने का सबूत दे रही थी।

उन्होंने अपनी नर्म हथेलियों से आँखें मलीं और जम्हाई लेते हुए कमरे में वापसी की। बिस्तर अब भी अपनी सिलवटों में ऊँघ रहा था। किचन के दरवाज़े से नीचे उतरकर वॉशिंग मशीन में पानी भरा और सर्फ़ के दो बड़े चम्मच मशीन में उड़ेल दिए। फिर अंदर आकर फ्रिज के पास से गंदे कपड़े अपनी ओर घसीटे और उन्हें सीधा करने लगीं। लेकिन हाथ आज उनका साथ नहीं दे रहे थे। कपड़े बार–बार हाथ से छूटकर फ़र्श पर गिर जाते।

उन्होंने कपड़े वहीं छोड़ दिए और किचन में जाकर स्विच निकालकर मशीन को ढक दिया। फिर पिचके ट्यूब से पेस्ट निकालकर ब्रश पर लगाया और नाली के पास बैठकर दाँतों को मलने लगीं।

पानी अलग–अलग छिटकता हुआ मोरी में बह रहा था। छींटे पड़ने से उनके सलवार के पाँयचे तर हो चुके थे। अपनी अंजुली में ताज़े पानी को भर–भर कर वो मुँह पर ऐसे छपाके मारतीं, जैसे बहते पानी के साथ अपनी रात भर की सारी सुस्ती को नाली में बहा देना चाहती हों।

फिर कपड़े बदलकर वो चादर पर आ खड़ी हुईं और दुपट्टे से चेहरे का पानी पोंछते हुए अपनी छोटी सी खिड़की खोली। हवा के साथ ढेर सी ख़ामोशी कमरे

में चली आई। नल जा चुके थे। गली अभी भी पानी से गीली थी। सब्ज़ी वाले अभी तक फेरी लगाने नहीं आए थे। ये पहली बार था शायद। दूर खड़ी कई औरतें किसी चिंता में डूबी आपस की गुफ़्तगू में इतनी मुब्तिला थीं, कि वो ये भी नहीं देख पाईं कि कोई खिड़की में खड़ा उन्हें ही देख रहा है। कुछ देर वो खिड़की में खड़ा–खड़ी मामले का अनुमान लगाती रहीं पर शायद कोई भी मामला उनसे अनजान नहीं था।

वो खिड़की बंद कर ज़ीने के पास चली आईं, पैरों में चप्पलें पहनीं और दरवाज़ा बंद कर नीचे गली में उतर गईं। जैसे–जैसे उनके कदम आगे बढ़ते जा रहे थे, कुछ–कुछ बातें उनके कानों में साफ़ सुनाई देने लगी थीं –

"देखा, अभी तक नहीं लेकर गए हैं उन्हें।"

"रात से तो घर पर ही हैं, अस्पताल से कब लाई गईं?"

"तुम देख आई क्या?"

"अभी नहीं। पर सुना है बहुत हालत ख़राब है।"

"बेचारी की सारी हड्डियाँ घुल चुकी हैं।"

"अल्लाह बख़्शे। बहुत अच्छी थीं पर अब क्या कर सकते हैं?"

"सुना है अगर ग़ुसल नहीं हुआ तो यूँ ही ले जाएँगे।"

"लेकिन ग़ुसल देगा कौन? सबको अपना आपा प्यारा है।"

"किसी को अगर जाना होता तो अब तलक चला जाता। कल से सभी चुप्पी साधे बैठे हैं।"

बहुत सारे जुमलों और गलियों को पीछे छोड़ती हुईं वो अब किसी के दरवाज़े पर खड़ी थीं।

घर अपने आप में सिमटा हुआ था। आसपास का पूरा माहौल बहुत शांत था। लग रहा था जैसे आज इस घर की सुबह ही नहीं हुई। घर की रौनक आज कहीं गुम थी। वो अंदर दाख़िल हुईं। दीवारों पर चढ़े रंग आज फीके और बेनूर हो गए थे।

सामने खूँटी पर टँगा बुर्क़ा आज अकेला हवा और धूल से लड़ रहा था। दीवार से लगी अलमारी के नीचे रखी दो पट्टियों वाली चप्पल, जिसकी एक बद्धी टूट चुकी थी, बहुत ही आराम से सुस्ता रही थी। अलमारी के साथ में रखा स्टूल और उस पर रखा वाटर कूलर, जिस पर रखा शादी का ताँबे का कटोरा आज किसी की प्यास नहीं बुझा रहा था। प्लास्टिक की सलाइयों से बनी टोकरी, जिसमें अस्पताल से आए कपड़े रखे थे, जो अभी निकाले नहीं गए थे।

फ़र्श पर बिछी चटाई पर सफ़ेद चादर में लिपटी लम्बी आकृति अपनी पुरसुकून नींद में थी। पूरा घर अभी भी उनके एहसास से लबरेज़ था। हर चीज़ में मानो उनका चेहरा उभर रहा था। पता नहीं उनका चेहरा वहाँ की चीज़ों में बस गया था या लोगों के मन में। पूरे कमरे में अगरबत्ती की महक थी। इस महक के साथ एक और गंध मिलकर बह रही थी, जो इस घर की नहीं थी। सलाम–दुआ की सारी डोरें टूट चुकी थीं। घर जैसे अपने–आप में खुल गया था, जिसमें अब कुछ छुपाने या कुछ दिखाने की हड़बड़ाहट नहीं थी।

कुछ दूरी पर बैठी दो लड़कियाँ कुछ पढ़ रही थीं। हसीना ख़ाला की नज़र उनसे टकराई। दोनों की आँखों के पपोटे सूजे हुए थे। वहाँ और भी लोग थे, जिन पर उनकी नज़र गई ही नहीं।

दस्तक

आज फ़र्श बहुत ठंडा था।

उनके क़दम धीरे–धीरे आगे बढ़ रहे थे। कमरे की हवा में घुली थीं कुछ सिसकियाँ और बहुत से अधूरे छूटे सपने, जो कई पलकों पर भी तैर रहे थे।

"अभी उनकी उम्र ही क्या थी!"

सिसकियों के साथ कई ऐसे वाक्य फिज़ाँ में रह–रहकर गूँज जाते।

कारचोप के खाँचे कोने में सिमटे हुए खड़े थे, जिन पर सुबह से ही हाथ अपनी लय पकड़ लेते थे। ऑटो की चाभी कील पर टँगी झूल रही थी। आज जैसे घर की अपनी कोई आवाज़ नहीं थी।

बाहर की सारी बेघर आवाज़ें आज शायद यहीं आसरा ले रही थीं।

अचानक हसीना ख़ाला की आवाज़ कमरे में बहुत तेज़ी से गूँजी, "टेसू के फूल या नीम की पत्तियाँ लाए हो?"

यह सवाल कमरे में बैठे हर शख़्स से था। फिर जैसे कमरे में एक ख़ास तरह की हलचल दौड़ गई। कमरा अब बतियाने लगा था, मानो उसकी खोई हुई नब्ज़ वापस लौट रही हो।

कुछ ही देर बाद केवड़े की ख़ुशबू पूरी गली में फैल गई और टेसू के फूलों का पीला पानी बहुत देर तक बाहर नाली में बहता रहा।

हसीना ख़ाला उन्हें गुस्ल दे रही थीं।

एक बार फिर डॉक्टर कहीं चले गए। बढ़ती हुई लाइन में जाम लग गया। लेकिन अब लाइन उतनी लम्बी नहीं है जितनी पहले थी। हसीना ख़ाला के आगे बैठी एक औरत उनसे बोली, ''कहाँ से आई हो बीबी?'' हसीना ख़ाला गर्दन हिलाते हुए बोलीं, ''यहीं पास से आई हूँ मैं तो।'' लाइन में लगी औरत दोबारा से बोली, ''हम तो बड़ी दूर से आए हैं। मौजपुर घोंडा जानती हो?'' लाइन वाली औरत बोली, ''वहीं मंदिर वाली गली से आई हूँ मैं।'' हसीना ख़ाला कुछ सोचते हुए बोलीं, "अच्छा उसी गली में शायद लाडो भी रहती है।"

लाइन वाली औरत चौंकते हुए बोलीं, ''लाडो। अरे उन्हीं के किराये में तो हम रहते हैं। मैंने तो तुम्हें नहीं देखा वहाँ?'' हसीना ख़ाला बुदबुदाते हुए, ''मैंने भी तो तुम्हें नहीं देखा वहाँ?'' लाइन वाली औरत, ''अब भला मैं कहाँ बाहर घूमती–फिरती हूँ। घर में रहना है हमें तो।''

हसीना ख़ाला सवालिया मुस्कुराहट के साथ बोलीं, ''किसी से मिलने को बाहर फिरना बोलते हैं?''

लाइन वाली औरत हसीना ख़ाला को देखे जा रही थी। पीछे 'अमीना बेगम, अमीना बेगम' की आवाज़ लग रही थी। हसीना खाला उस औरत से बोलीं, ''अमीना बेगम तुम्हारा नाम है?'' लाइन वाली औरत बोली, ''हाँ।''

हसीना ख़ाला उस औरत से बोलीं, ''तुम्हारा नम्बर आ गया। आवाज़ लग रही है तुम्हारी।''

लाइन वाली औरत झट से खड़ी हुई और पर्चे को सीधा करते हुए अंदर कमरे में चली गई।

लिहाफ़ की हँसी

जब दिसम्बर अपनी आख़िरी साँसें लेता हुआ जनवरी को न्यौता देता है, तब दिन जल्दी सरकने लगता है और सुबह देर से होती है। हवा में ठंडक बढ़ जाती है। ठंडी और ख़ुश्क हवा हाथों, पैरों, होठों, गालों पर अपनी खरोंचों के निशान छोड़ जाती है। फिर दिन और रात के रूटीन भी बदल जाते हैं।

गुनगुनी धूप में बदन सेंकते लोग, अचार डालती महिलाएँ, स्वेटर बुनती औरतें, मेथी सुखाती लड़कियाँ, धूप में गिलगिल करते छोटे–छोटे बच्चे – सब मौसम को अपनी–अपनी तरह से जीते नज़र आते हैं।

धूप की हल्की गर्माहट में लोगों की उँगलियों में चटकती मूँगफलियों में से निकलते छिलकों के साथ–साथ जीवन की ढेरों कहानियाँ एक के बाद एक बाहर आने लगती हैं।

घरों के चूल्हों में दहकती आग को शाम की बढ़ती सर्दी जल्दी ही बुढ़ा जाती है। कहते हैं, बरसातों में आँच बच्चा होती है, गर्मियों में जवान और सर्दियों में बूढ़ी। कितना अजब खेल है न ये दहकती आग का? मगर शरीर में पलती आग की कोई सीमा नहीं। ये तो इंसानी साँचों का वो ईंधन है, जिसकी लौ में बढ़ती हुई ज़िंदगियाँ अपने मन की उड़ान पा जाती हैं।

शरीर पर मोटे–मोटे कपड़े, ज़्यादा भीड़–भाड़ और लाइट गुल होने से अब लोगों में हड़बड़ी होती नहीं दिखती। उजाला चाहिए तो उसके लिए लैम्प, मोमबत्ती, लालटेन, डिबिया और चिराग़ बहुत हैं।

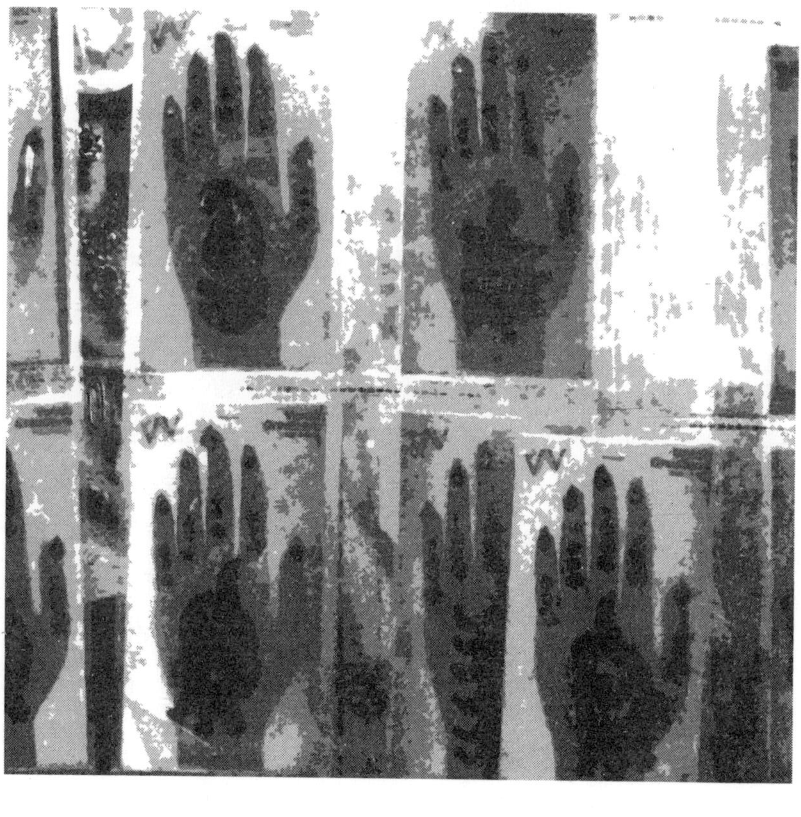

जैसे–जैसे दिन बढ़ता है गलियाँ, चौक, चौराहे जल्दी ख़ाली होने लगते हैं। लगता है जैसे इस मौसम में सब में एक सुस्ती सी छा गई है। सभी जल्दी ही दुबकना चाहते हैं, अपने–अपने बिछौनों में। लेकिन कुछ के लिए ये तिलस्मी रात ख़ुदा के करिश्माई तोहफ़े की तरह साबित होती है। किसी की चाहत से छलछलाते दिल इस सन्नाटे, सोफ़्ते की दुआ करते हैं कि कब उन्हें उनका अपना एकांत मिले।

अधखुली खिड़की से थोड़ी सी रोशनी बाहर छतों पर गिर रही थी। कुहासे की रात में ये उजाला किसी देवता के वरदान से कम न था, जो रात की स्याह–गाढ़ी परतों को काटकर अपनी दस्तक अँधेरे में दे रहा था। कमरे की लाइट बंद कर हसीना ख़ाला अभी लेटी ही थीं कि उनकी आँखों में कुछ झिलमिलाने लगा।

ये क्या? उनकी आँखों में नींद थी। आँखें खुलना नहीं चाह रही थीं और शरीर लिहाफ़ का साथी बनकर उसकी गर्मी में ख़ुद को पूरी तरह खो डालना चाहता था।

ये सपना था या हक़ीक़त?

झिलमिलाहट में कुछ टुकड़े अपने आप में चमक रहे थे। मुट्ठी भर सितारे, ठंडक में लिपटा नीला आकाश और ये गहराती रात – सभी अपनी चुप्पी में गुम थे।

आज वह सबसे अनजान और सबसे छुप कर वहाँ खड़ी थीं और इस अलसाती रात में कोई छत के बीचों–बीच खड़ा था। इन दोनों के बीच झरोखे का काम एक नन्हीं सी खिड़की ने सँभाला हुआ था। उसके दोनों पाट गवाह बनकर यहाँ घटता सब देख रहे थे।

हसीना ख़ाला से रहा नहीं गया। उन्होंने पूरी कोशिश कर अपनी आँखों को ख़्वाबों के सफ़र पर निकलने से खींचा और दोनों आँखें ज़बरदस्ती खोलकर खिड़की की झिरी से बाहर झाँकने लगीं।

आसपास कोई आवाज़ नहीं थी। सभी रजाइयों में घुसे सपनों के सफ़र पर निकल चुके थे। अनगिनत आँखें, जिनमें सपनों का कभी अंत नहीं होता, कभी सोते हुए, तो कभी जागते हुए, सपनों का सिलसिला जारी रहता है।

झिरी में से कुछ रोशनी ऊपर–नीचे हिलते हुए, हसीना ख़ाला को बराबर दिख रही थी। मन को मार, लिहाफ़ को बराबर में हटा, वो आहिस्ता से उठीं और खिड़की के पास आकर खड़ी हो गईं। खिड़की के एक पल्ले को थोड़ा सा खोलकर सामने छत की ओर देखा। ओस की बूँदें छत पर गिर रही थीं। खिड़की से अंदर आती सर्द हवा के कारण उनका बदन ठिठुरा जा रहा था।

एक कँपकँपी के साथ उन्होंने सामने की छत पर अपनी नज़रें जमाईं। एक काला साया!

उनके मुँह से चीख निकलते–निकलते रह गई।

फिर उन्होंने देखा! उस साये के हाथ में कुछ था, जिससे वो दूसरी छत पर रोशनी फेंक रहा था और कहीं और से भी कोई दूसरा शख़्स उस आकृति पर रोशनी के चंद क़तरे डाल रहा था। उसके शरीर के कुछ भाग हसीना ख़ाला को एक–एक करके दिखने लगे।

दरमियाने पतले से हाथ उन्हें कुछ धुँधलाये से लगे। उन्होंने अपनी दोनों हथेलियों को अपनी आँखों पर रगड़ा और पुतलियों को फैलाते हुए दूर झलकती आकृति को दोबारा देखने की कोशिश की।

तभी बाज़ू वाली छत की लाइट जली। उनकी निगाह उस आकृति से हटकर छत पर चली गई। ये छालिया वाली अम्मा की छत है, जो हाथ की बनी रोटी और घर का बना सालन कम दामों पर बड़े प्यार से बेचती हैं। दिन में इस छत पर औरतें रोटियाँ बनाती दिखती हैं लेकिन रात में ये छत ख़ाली पड़ी रहती है। इतनी अनजान और सुनसान कि लगता ही नहीं दिन में इस छत से लोगों का इतना घनिष्ठ रिश्ता भी बनता होगा।

लेकिन आज अचानक ही रात में एक छोटा सा बल्ब छत पर जगमगाने लगा। तभी कोई उस बल्ब के सामने आया और किसी साये की तरह उसका आकार रोशनी में उभरा। कुछ पल वो इधर–उधर चला और न जाने कहाँ ओझल हो गया।

सायरन की एक तेज़ आवाज़ सड़क पर तेज़ी से गूँज गई और गहरे सन्नाटे को चीरकर कहीं दूर निकल गई। हसीना ख़ाला की पेशानी पर उस आवाज़ ने कुछ लकीरें उभार दीं। कुछ ही देर के बाद उनकी आँखें फिर उसी साये को बेसब्री से तलाशने लगीं।

इस बार रोशनी उस साये के चेहरे पर थी। बड़ी–बड़ी आँखें काजल से भरी हुई। हसीना ख़ाला ने साफ़–साफ़ देखा।

दिन भर की थकान और पसीने से काजल इधर–उधर फैल रहा था। अपने अंदर कोई मीठा एहसास समेटे हुए। छोटी नाक, होठों से ऊपर की ओर उठी हुई, जिसमें सोने की छोटी सी लौंग उस अंधेरे में भी चमक रही थी। गाल चेहरे को गोल बनाते हुए अपने पूरे उठान पर थे।

इसी बीच, पास वाली छत के खोके में किसी रोते हुए बच्चे ने उनके कान दोबारा अपनी तरफ़ खींच लिए। दर्द में डूबी रोने की तेज़ आवाज़ ने उनके शरीर में जैसे करुणा भर दी। उनकी नज़रें जल्दी से घड़ी पर दौड़ गईं। ग्यारह

बजकर पैंतालीस मिनट। बिलखती हुई आवाज़ उन्हें अपनी तरफ़ खींच रही थी। वो उस आवाज़ तक जाना चाहती थीं, मगर कुछ सोचकर वहीं रुक गईं।

उनकी टाँगें दर्द करना शुरू कर चुकी थीं पर दिमाग में बेचैनी बढ़ती जा रही थी। शायद दिन होता तो वो इतनी देर खड़ी होकर सोचती नहीं। उन्होंने एक बार तो मन में सोचा कि अब लेट जाना चाहिए। लेकिन तभी छत पर खड़ी उस लड़की के कानों पर रोशनी का एक कतरा अचानक आकर गिरा और उसने हसीना ख़ाला को अपनी तरफ किसी तेज़ चुम्बक की तरह खींच लिया।

उस लड़की के दोनों कानों में ब्लैक मेटल की छोटी–छोटी बालियाँ चमक रहीं थीं। हसीना ख़ाला के हाथ खुद–ब–खुद अपने कानों की तरफ़ बढ़ गए। दोनों कानों से लटक रही बालियों को छूते हुए उनके चेहरे पर एक हल्की–सी मुस्कान आ गई। उस बाली की दूसरी जोड़ी उनके कानों में झूल रही थी। जैसे अचानक उनके दिमाग़ की बत्ती जल गई। उन्होंने एक झटके से खिड़की के दोनों पल्ले खोल दिये। थोड़ा आगे आकर अपना पूरा ध्यान उस साये पर लगा दिया। बगल की छत से आ रही रोशनी अब लड़की के चेहरे से सरक कर उसके बदन पर डोल रही थी।

उसके ज़िस्म से लटक रही थी लम्बी सी फ़िरोज़ी रंग की कमीज़। जीने की उमंगें अपने अन्दर समेटे वो इन लम्हों को आज पूरी तरह जी लेना चाहती थी। उसके होंठ धीरे–धीरे हिल रहे थे, पर आवाज़ ग़ायब थी। होंठों को पढ़ना हसीना ख़ाला ने कहीं सीखा नहीं था पर कुछ अंदाज़ा वो फिर भी लगा रही थीं। इतनी ठंड में भी वो लड़की पूरे जोश से ज़िंदगी की घनी कामनाओं में अपने को डाले, आसपास को भूलकर, किसी ख़ास एहसास में डूबी हुई थी।

वो चेहरा अब रोशनी में एकदम साफ़ चमक रहा था। अपनी खिड़की में ही खड़े–खड़े हसीना ख़ाला बहुत ज़ोर से हंसीं पर बिना आवाज़ के। घुप्प अँधेरे

की स्याही में लिपटी खड़ी उस लड़की की मुस्कान में भी 'कुछ' ऐसा था, जो सबसे अलग था।

वो 'कुछ' क्या था? जिसे हसीना ख़ाला बयाँ नहीं कर सकती थीं।

वक़्त कितनी तेज़ी से भागता है। उनके हाथ के जने बच्चे आज इतने वयस्क और बड़े हो चले हैं कि अपने फ़ैसले, अपनी ज़िंदगी के रास्ते, चाहे अच्छे हों या बुरे, ख़ुद तय करने लगे हैं। ये ऐसी उम्र है जिससे वो भी कभी गुज़री होंगी। अपने इन्हीं ख़्वाबों में डूबी हसीना ख़ाला कमरे में वापस लौट आईं।

उन्होंने धीरे से खिड़की बंद की और बहुत देर तक मुस्कुराती रहीं। लिहाफ़ एकदम ठंडा हो चुका था। कमरे में भी ठंड़ बढ़ती जा रही थी। उन्होंने कमर सीधी की और लिहाफ़ अपने ऊपर ओढ़ लिया।

आँखें बंद कर वो लिहाफ़ के भीतर सोने की कोशिश करने लगीं, पर चंद मिनटों बाद लिहाफ़ अपने में बुदबुदाने लगा। जिस हँसी को उन्होंने अब तक रोका हुआ था, अब वो खुलकर बाहर आ रही थी और उनका लिहाफ़ और वो, दोनों बहुत देर तक हँसते रहे।

शुक्रिया

उदय प्रकाश जी का, जो मेरी कच्ची–पक्की लेखनी के हमसफ़र बने। उनसे मैंने भाषा को बरतना सीखा। कैसे आम इंसान, उनकी बोलचाल और उनकी रोज़मर्रा की दास्तानों को एक कहानी की शक्ल दी जा सकती है, यह उदय जी से जाना।

प्रभात कुमार झा का, जिन्होंने मुझ पर भरोसा जताया और हाथ पकड़कर उस दोहराने और बोलने की बोरियत से निकाला जिसका हर लिखने वाला कभी न कभी शिकार ज़रूर हुआ होगा। वे मेरे साथ लगातार बातचीत व सुझाव देने की लम्बी प्रक्रिया में जुड़े रहे।

शर्मिला भगत और जया श्रीवास्तव जी का, जिन्होंने हर बार मेरे लेखों को पढ़ा और हर बार बेहतर से बेहतर करने की चुनौती ही नहीं दी, उसका हौसला भी दिया।

शशिकांत जी का, जो हर बार मेरे लेखों को छपने लायक बनाने की थका देने वाली प्रक्रिया में मेरे साथ रहे।

मृत्युंजय चटर्जी का, जिन्होंने अपनी ख़ास कला का स्पर्श देकर किताब को डिज़ाइन किया और योगेंद्र दत्त तथा वक़ील अहमद का, जिन्होंने भाषा के मानक लिखित रूप को ध्यान में रखकर इसे पढ़ा और सुधारा।

पुष्पा राय का, जो मेरे लेखों को टाइप करने और बार–बार मेरे साथ उन्हें संवारने में तरोताज़गी से जुड़ी रहीं।

लख्मीचंद कोहली का, जो हर बार मुझे मेरे लेखन को एक अलग नज़र से देखने का प्रोत्साहन देते रहे और मेरे हर मुश्किल समय में मेरे साथ बने रहे, एक जीवन साथी के रूप में।

अपनी प्यारी सी बेटी जॉयनिता का, जो मेरी हर लेखनी के साथ–साथ पलती और बढ़ती रही।

'सराय' के सभी साथियों का, जो काफ़ी दूर तक सफ़र में मेरे साथ जुड़े रहे, और आख़िर में 'अंकुर' का जिसके सुनने–सुनाने की महफ़िल से मैं अभी भी जुड़ी हूँ। क्या एक लिखनेवाले के लिए सुनने–सुनाने की महफ़िल से भी ज़्यादा बड़ी कोई चीज़ होती है!

यशोदा सिंह